CLV

Josh und Dottie McDowell

Offen gesprochen

Mit Kindern offen über Sex reden

Soweit nicht anders vermerkt, sind die Bibelzitate der Elberfelder Übersetzung 2003, Edition CSV Hückeswagen, entnommen. Hervorhebungen in den Bibelzitaten sind in der Regel hinzugefügt worden.

German edition

Originally published in English under the title:
Straight Talk with Your Kids about Sex

Published by Harvest House Publishers
Eugene, Oregon 97402, USA

2. Auflage 2025

Christliche Literatur-Verbreitung e.V.
Ravensberger Bleiche 6 · 33649 Bielefeld
www.clv.de

Bei Fragen zur Produktsicherheit erreichen Sie uns
über gpsr@clv.de oder auf dem Postweg.

Übersetzung: Erika Breul, Hermann Grabe
Satz: EDV- und Typoservice Dörwald, Steinhagen
Umschlag: Lucian Binder, Marienheide
Titelbild: © by belchonock / 123rf.vom
Druck und Bindung: GGP Media GmbH, Pößneck

Artikel-Nr. 256392
ISBN 978-3-86699-392-1

Für Eltern,

die mutig, überzeugt und liebevoll

Gottes Plan für Sexualität

mit ihren Kindern teilen möchten –

oft und offen,

alle Jahre der Erziehung hindurch.

Inhalt

Kapitel 1

Nur einen Klick entfernt

Sex – für einige bezeichnet dieses Wort eine schmutzige Angelegenheit, für andere eine wunderschöne. Und wieder andere finden das Thema einfach nur provozierend. Für sie ist die Sexualität ein Bereich, über den man nicht sprechen sollte. Welche Haltung auch immer Sie dazu einnehmen – Sex ist eine heikle und doch höchst wichtige Angelegenheit.

Ist für Sie die Sexualität eine wunderbare, aber auch schwer zu kontrollierende Gabe, die nicht missbraucht werden sollte? Dann machen Sie sich als Eltern und Mitarbeiter in der Jugendarbeit wahrscheinlich Sorgen über die praktizierte Sexualität unter Jugendlichen.

Wie würde es Sie zum Beispiel aufregen, wenn Nacht für Nacht ein Fremder in das Schlafzimmer Ihrer Kinder schleichen würde! Was würden Sie sagen, wenn dieser Eindringling Ihren Kindern ein verdrehtes und pervertiertes Bild von Sexualität beibrächte? Und was wäre, wenn diese »Sexualerziehung« Ihr Kind zu unmoralischer Sexualität verleitete? Sie würden sicher erschrocken und wütend darüber sein, dass Verstand und Herz Ihres Kindes von diesem niederträchtigen Eindringling derart verletzt würden!

Aber bevor wir fortfahren, diese Gefahr näher zu beschreiben, möchten wir Folgendes erwähnen: Wir, Josh und Dottie, sind Eltern von vier eigenen Kindern. Wir schreiben nicht nur, um Sie zu alarmieren, so alarmierend die Situation auch ist. Wir wollen Sie mit einer klaren Strategie ausrüsten, damit Sie allem, was Ihre Kinder erleben, in rechter Weise begegnen können. Ja, noch mehr: Letztlich hoffen wir, Sie effektiv dafür zuzurüsten, dass Sie Ihre Kinder zu einem gesunden, Gott wohlgefälligen Verständnis von Sexualität erziehen können.

Immerhin ist Sexualität etwas Großartiges, Wunderbares. Sie ist zu schön, als dass man sie in Worte fassen könnte – weil Gott sie geschaffen hat. Zweifellos möchten auch Sie, dass Ihre Kinder Gottes Plan für ihre Sexualität verstehen und wertschätzen lernen und sie einmal in einer Gott wohlgefälligen Weise genießen können. Würde ein unmoralischer Eindringling Ihre Kinder dazu verleiten, diese wunderbare göttliche Gabe zu missbrauchen, dann wären Sie zornig und am Boden zerstört.

Untersuchungen haben gezeigt, dass die größte Furcht christlicher Eltern und Jugendleiter darin besteht, dass das gottlose Weltbild mit seiner sexuellen Unmoral irgendwann die Herzen und Sinne der Kinder überwältigt. Uns ging es bei unseren eigenen Kindern genauso. Um dieser Gefahr zu begegnen, haben viele Eltern christliche Schulen gegründet oder unterrichten ihre Kinder sogar zu Hause.[1] Viele haben ihre Kinder in christliche Sommerlager geschickt. Andere Familien sind Gemeinden mit einem vielseitigen Jugendprogramm beigetreten. Alle diese Eltern hoffen, durch diese Maßnahmen den negativen Einflüssen einer destruktiven gesellschaftlichen Kultur auf ihre Kinder entgegenwirken zu können. Allerdings haben diese positiven Schritte viele Eltern und Erzieher dazu verleitet, weniger wachsam zu sein. Es ist verständlich, anzunehmen, dass Kinder dann weitgehend abgeschirmt von den Einflüssen einer verdorbenen Gesellschaft bleiben, wenn sie in christlichen Familien aufwachsen, in gute Gemeinden eingegliedert sind, solide biblische Unterweisung erhalten und an überwachten Aktivitäten teilnehmen. Tatsächlich aber sind unsere Kinder weit stärker destruktiven kulturellen Einflüssen ausgesetzt, als das nur zehn Jahre zuvor der Fall war. Der Grund dafür ist, dass wir uns im Augenblick mitten in einer durch Medien bedingten sozialen Revolution befinden, die es einer verdorbenen und verdrehten Moral erlaubt, viel früher als je zuvor Zugriff auf unsere Kinder zu erhalten – selbst in der Privatsphäre unserer eigenen Häuser und Kinderzimmer! Das ist der Eindringling, von dem wir gesprochen haben.

Die Social-Media-Revolution

Schon die vorige Generation wurde durch verschiedene Medien wie Radio, Fernsehen, Videos, Zeitschriften etc. beeinflusst. Wenn Eltern im Blick hatten, was ihre Kinder sahen, hörten oder lasen, dann bestand eine gewisse Sicherheit, dass sie vor den negativen Effekten der Medien abgeschirmt werden konnten. Die heutige Social-Media-Revolution hingegen hat alles verändert. Medienbotschaften dringen zu unseren Kindern über Kanäle, die es vor einem Jahrzehnt noch gar nicht gab. Vergleichen Sie nur einmal die Zunahme des Medienkonsums während des letzten Jahrzehnts (bezogen auf die Durchschnittsbevölkerung in den USA):

im Jahr 2000	**in den Jahren 2010–2011**
2,7 Stunden pro Woche online (durchschnittlich pro Person)	18 Stunden pro Woche online (durchschnittlich pro Person)
100 Millionen Google-Suchanfragen täglich	2 Milliarden Google-Suchanfragen täglich
12 Milliarden E-Mails täglich	247 Milliarden E-Mails täglich
12 000 aktive Blogs	141 Millionen aktive Blogs
0 Downloads bei iTunes	10 Milliarden Downloads bei iTunes[2]
0 Tweets auf Twitter	25 Milliarden Tweets auf Twitter[3]
0 YouTube-Videos täglich	4 Milliarden YouTube-Videos täglich[4]
0 hochgeladene YouTube-Videos pro Minute	60 Stunden hochgeladene YouTube-Videos pro Minute[5]
0 Facebook-Nutzer	845 Millionen Facebook-Nutzer[6]
0 Artikel bei Wikipedia	20 Millionen Artikel bei Wikipedia

Mehr als 250 Millionen Menschen sind im Jahr 2010 Facebook beigetreten und haben jeden Monat dreißig Milliarden Posts geschrieben.[7] Wäre Facebook ein Land, es hätte die drittgrößte Bevölkerung der Erde.

Ungefähr zwanzig Millionen Jugendliche sind bei Facebook. 7,5 Millionen davon sind weniger als dreizehn Jahre alt und zehn Millionen sind jünger als zehn.[8] Man nimmt an, dass Facebook bald von 90 % aller Social-Media-Nutzer und von 57,1 % aller Internet-Nutzer in den USA verwendet werden wird. Für das Jahr 2013 rechnet man damit, dass 62 % der Internet-Nutzer und die Hälfte der US-Bevölkerung bei Facebook angemeldet sind.[9]

Das Internet hat das Fernsehen als Medium der Wahl bei den Kindern überflügelt.[10] Eine Studie des US-Erziehungsministeriums zeigt, dass 27 % aller vier- bis sechsjährigen Kinder ins Internet gehen.[11] Heutige Grundschüler lernen auf iPads, nicht auf Kreidetafeln.

Die Social-Media-Revolution verbindet uns zwar positiv auf eine noch vor zehn oder zwanzig Jahren unvorstellbare Weise. Doch alle diese Möglichkeiten, miteinander in Kontakt zu treten und Menschen mit unseren Kindern in Kontakt zu bringen, beunruhigen uns auch – und das zu Recht! Die dauernde Zugriffsmöglichkeit der Gesellschaft auf unsere Kinder hat eine höchst alarmierende Kehrseite.

Die hereindrängende Unmoral

Als Eltern und Jugendleiter möchten wir, dass sich unsere jungen Leute für eine biblische Sexualmoral entscheiden. Wir möchten, dass sie die Sexualität so genießen, wie Gott es vorgesehen hat: im Rahmen einer Ehe. Noch vor rund zehn oder fünfzehn Jahren hatten wir als Eltern und Jugendleiter ein gutes Maß an Kontrolle darüber, was unsere jungen Leute sahen oder hörten und was ihre Ansichten über Sexualität formte. Wir konnten einfach bestimmen: »Bei uns zu Hause gibt es diese Art von Filmen und Büchern nicht!« Es gab eine Reihe von Kontrollen, die wir durchführen konnten, um unsere Kinder vor schädlichen Einflüssen abzuschirmen. Wenn unsere Kinder Nachbarn oder Freunde besuchen wollten, konnten wir die Besuche auf solche Leute beschränken, die genauso dachten wie wir. Aber heutzutage haben wir größtenteils die Kontrolle verloren, weil die pervertierte Moral nur noch einen Klick von unseren Kindern entfernt ist. Mit nur einem Klick aufs Smartphone, aufs iPad oder auf den Laptop können sie die abartigste Pornografie und Bilder mit den denkbar schlimmsten sexuellen Inhalten öffnen. Es ist gerade einmal wenige Jahrzehnte her, da wurden Pornohefte nur hinter dem Ladentisch verkauft und gleich in Tüten eingepackt. Die meisten erwachsenen Männer wollten nicht gesehen werden, wenn sie ein solches Heft mit nach Hause nahmen. Heutzutage ist Pornografie für jeden zu bekommen, einschließlich für Kinder und Jugendliche. Unmoralische sexuelle Inhalte erreichen viele, wenn nicht gar die Mehrheit unserer Kinder. Gemäß Untersuchungen von *Family Safe Media* liegt das Durchschnittsalter, in dem Kinder das erste Mal mit Pornografie konfrontiert werden, bei elf Jahren.[12] Es gibt viele verdorbene Internetseiten, die man sich ansehen kann: Mehr als fünf Millionen pornografische Seiten stehen zur Verfügung, die täglich über 68 Millionen Mal aufgerufen werden.[13] Und mehr als 2,5 Milliarden E-Mails mit pornografischem Inhalt werden jeden Tag verbreitet.[14]

Eine 2009 unter 29 000 nordamerikanischen Studenten durchgeführte Untersuchung bestätigt, dass 51 % der männlichen und 32 % der weiblichen Studenten sich bereits vor ihrer Teenager-Zeit zum ersten Mal Pornos angesehen haben.[15]

Ein Artikel berichtet, dass sich 93 % der Jungen und 62 % der Mädchen Internet-Pornografie angeschaut haben, bevor sie achtzehn Jahre alt sind. 83 % der Jungen und 57 % der Mädchen haben sich Gruppensex angesehen, 69 % der Jungen und 55 % der Mädchen homosexuelle Geschlechtsakte. 39 % der Jungen und 23 % der Mädchen wurden schon Betrachter von sexuellen Akten mit BDSM-Praktiken.[16]

Nach einer Studie, die in der *Washington Post* veröffentlicht wurde, sehen mehr als elf Millionen Teenager regelmäßig Pornografie.[17] Und bei einer Umfrage von *Focus on the Family* gaben 47 % der befragten Familien zu, dass Pornografie in ihren Häusern ein Problem darstellt.[18] An dieser Umfrage beteiligten sich überwiegend christliche Familien.

Wer ist darüber besorgt?

Natürlich werden besorgte Eltern auf jeden Fall ihre Kinder ermahnen, von einschlägigen Seiten fernzubleiben. Als verantwortungsbewusster und vorausschauender Vater werden Sie auch Internetfilter und Überwachungs-Software in Ihren Computer einbauen, wie es jeder machen sollte. Doch was passiert, wenn Ihre Kinder ihre Freunde besuchen und diese ihre Smartphones einschalten? Haben die Eltern der Freunde Ihrer Kinder in alle ihre elektronischen Geräte Blocker eingebaut, die alle sexuellen Inhalte blockieren?

Das Problem ist, dass sexuell orientiertes und pervertiertes Material überall im Cyberspace zu finden und schwer auszuschalten ist, selbst wenn man Blocker installiert hat. Außerdem werden jeden Monat mehr als 1,5 Milliarden Pornos »Peer-to-Peer« heruntergeladen[19], wobei die meisten dieser Downloads von den Familienfiltern nicht erkannt werden. (»Peer-to-Peer« bedeutet, dass in einem bestimmten Netzwerk Inhalte direkt von einem Rechner auf den anderen übertragen werden.) Oft kann ein vollständiges Pornovideo von einem Kind heruntergeladen werden, ohne dass seine Eltern etwas davon mitbekommen.

Weil heute solch eine riesige Menge pervertierten sexuellen Materials verfügbar ist, führt dieses Überangebot schnell zur Desensibilisierung der jungen Menschen – selbst dann, wenn sie sich nicht oft Pornografie anschauen. Statt einen Eindruck davon zu bekommen, wofür Sexualität wirklich da ist, warum sie durch Begrenzungen geschützt sein sollte und wie sie Intimität und Freude in eine Ehe bringen kann, meinen die jungen Leute, jeder könne in sexueller Hinsicht machen, was er wolle, ohne mit Konsequenzen rechnen zu müssen. Diese Meinung wird ganz klar durch das Internet vermittelt.

Die meisten jungen Leute sind dermaßen für sexuelle Darstellungen desensibilisiert, dass sie kein Problem darin sehen, aufreizende Sex-Witze zu erzählen oder zu versenden. Ist Ihnen klar, dass sich vier von zehn Teenagern sexuell anregende Botschaften zusenden? Und dass 39 % der männlichen und 38 % der weiblichen Teenager angeben, sich sexuell erregende Botschaften oder E-Mails, die eigentlich für andere bestimmt waren, anzuschauen?[20]

Es besteht kaum ein Zweifel daran, dass unsere Kinder meinen, die ganze Welt um sie her einschließlich ihrer Freunde betreibe vorehelichen Sex. Wir wissen natürlich, dass nicht alle »es tun«, doch die *Wahrnehmung* unserer Kinder wird zu ihrer *Wirklichkeit*. Ironischerweise neigen viele christliche Erwachsene zu der Ansicht, dass *keines* ihrer Kinder mit Sex etwas zu tun habe, während die Kinder meinen, dass *alle* »es tun«. Diese widersprüchlichen Anschauungen sind weit verbreitet.

Neulich hielt ich (Josh) vor den Mitarbeitern einer evangelikalen Einrichtung ein zweistündiges Seminar über »Nackte Fakten: die Wahrheit über Sex, Liebe und Beziehungen«. An der Nachmittagssitzung nahmen 1800 Leute mit ihren Kindern teil. Während der nächsten drei Tage erzählten mir zehn verschiedene Mitarbeiter, dass eines ihrer Kinder (alle unter vierzehn Jahren) ihnen bekannt hatte, süchtig nach Internet-Pornografie zu sein. Alle zehn jeweiligen Eltern waren schockiert, nie hatten sie so etwas erwartet.

Bei einer Pastorenkonferenz sprach ich vor Kurzem das gleiche Thema an. Fünf Pastoren erzählten mir nach der Sitzung ihre Geschichten:

Pastor Nr. 1: »Ich habe gerade entdeckt, dass meine beiden Söhne (vierzehn und achtzehn Jahre alt) nicht mit der Pornografie im Internet fertigwerden.« Dann bekannte der Pastor, dass er selbst elf Jahre lang pornosüchtig war.

Pastor Nr. 2: »Letzte Woche erfuhr ich, dass mein siebzehnjähriger Sohn gerade seine Freundin geschwängert hat, und meine fünfzehnjährige Tochter ist ebenfalls schwanger. Was soll ich machen? Ich werde bald zwei Enkel haben!« Er erzählte mir außerdem, sein Sohn sehe sich regelmäßig Pornografie an.

Pastor Nr. 3 (ein Jugendpastor): »Meine vierzehnjährige Tochter hat einem Jungen ihrer (christlichen) Schule Oralverkehr mit ihr erlaubt.«

Pastor Nr. 4: »Ich habe vorhin meinen acht Jahre alten Sohn dabei erwischt, auf meinem Dienstcomputer Pornos zu gucken.«

Pastor Nr. 5: »Mein Fünfjähriger sieht sich Pornografie an, seit er vier ist.« Der Pastor war am Boden zerstört.

Diese fünf Gespräche fanden innerhalb der zwanzig Minuten statt, die ich brauchte, um vom Podium zu meinem Auto zu kommen. Bevor ich schließlich einsteigen konnte, hielt mich ein verzweifelter junger Mann am Arm fest und bat mich: »Dr. McDowell, würden Sie bitte für mich beten? Ich kämpfe seit drei Jahren mit Pornografie. Sie macht mich fertig!«

Vor einigen Jahren wurde ich von der Schulleitung einer der größten und berühmtesten evangelikalen Schulen Nordamerikas eingeladen, über Sexualität und Beziehungen zu reden. Man stellte mir folgende Bedingung: »Wir möchten nicht, dass Sie irgendetwas über Oralsex sagen, weil das an unserer Schule überhaupt kein Thema ist. Wenn Sie das erwähnen, bringen Sie die Kinder nur dazu, darüber nachzudenken und es zu tun.«

Ich hielt diese Forderung für absurd und naiv, aber aus Respekt beachtete ich sie. Sobald ich meine Ansprache beendet hatte, umringten mich Dutzende von Kindern, um mir Fragen zu stellen. Fast alle Fragen drehten sich um Oralverkehr. »Ist das Sex?«, »Ist das verkehrt?«, »Kann man davon Geschlechtskrankheiten bekommen?« usw.

Ich hätte mir gewünscht, der Rektor hätte dabeigestanden und seinen Schülern zugehört! Als ich nach draußen ging, kamen drei Jungen und zwei Mädchen (alle aus der zweiten Klasse der Highschool) und fragten mich: »Warum haben Sie nicht über Oralverkehr gesprochen?«

Ich vermied es zu sagen, dass man mich gebeten hatte, nicht über dieses Thema zu reden. Stattdessen fragte ich sie: »Warum? Ist Oralverkehr ein Problem an dieser Schule?« Sie antworteten: »Nein, eigentlich nicht.« Ich entgegnete: »Das ist ja wunderbar!«, worauf sie erwiderten: »Nein, es ist für uns kein Problem, das zu machen, weil alle es tun.« (Letzteres war natürlich eine Übertreibung.) Ich wollte das näher erklärt haben. »Na ja«, begannen sie, »wenn ein Junge in unserer Schule Oralverkehr haben möchte, geht er zu einem Mädchen und fragt: ›Willst du einen Taco?‹ Das ist hier das Codewort für Oralverkehr.« Dann erklärten sie weiter: »Wenn sie einverstanden ist, dann gehen sie in irgendeinen Raum direkt hier in der Schule und machen es. Aber dann ist der Junge verpflichtet, das Mädchen nach der Schule zu Taco Bell[21] einzuladen und ihr einen Taco zu kaufen.«

Nach Aussage dieser Kinder war Oralverkehr allgemein üblich, während die Schulleitung meinte, solche Probleme gebe es nicht. Der Kontrast zwischen dem, was viele Eltern und Jugendleiter über ihre Zöglinge denken, und dem, was die jungen Leute wirklich tun, ist also gewaltig! Ganz bestimmt wollen wir uns nicht vorstellen, dass unsere Söhne und Töchter schon in sexuelle Praktiken verwickelt oder ihre Gehirne durch völlig falsche Vorstellungen über Sexualität verdorben sind. Aber die Wahrheit ist, dass die Kinder in unserer destruktiven Kultur untergehen werden, wenn wir nicht vorsorglich gegen diese zerstörerischen Einflüsse vorgehen.

Was können wir also tun?

Das Schönste wäre sicher, wenn wir die Social-Media-Revolution einfach zurückdrehen könnten. Aber das ist natürlich nicht möglich.

Tatsächlich – so wird geschätzt – wurden in den letzten zwölf Monaten mehr als zweihundert Millionen Menschen durch das Internet mit den Ansprüchen Christi an ihre Herzen konfrontiert. Es geht also gar nicht um die sozialen Medien als solche. Sie sind einfach nur der Träger, der positive oder auch negative Einflüsse in das Leben unserer Kinder bringt.

Der Rückzug auf eine einsame Insel, auf der nur hingegebene Christen wohnen, mag uns als die letzte Möglichkeit erscheinen. Dann könnten wir unsere Kinder fern jeder gottlosen, weltlichen Kultur erziehen. Aber das wäre genauso wenig eine realistische Alternative, wie wenn man die Social-Media-Revolution rückgängig machen würde. Was ist also zu tun?

1. Wir müssen die Tatsache zur Kenntnis nehmen, dass unsere Kinder durch die uns umgebende Kultur, die ein gestörtes Verständnis von Sex vermittelt, negativ beeinflusst werden. Wir dürfen diese Wirklichkeit nicht weiter leugnen! Es ist so, wie eine junge Mutter sagte: »Mir kommt es vor, als zögen wir unsere Kinder mitten in Las Vegas groß.« Es ist der erste Schritt zur Lösung, das Problem anzuerkennen.

2. Wir müssen den verdrehten und pervertierten Sex-Vorstellungen, die unsere Kinder hören und sehen, ein richtiges und gesundes Verständnis von Sexualität entgegensetzen. Wenn Sie zu den Eltern gehören, die ein oder mehrere Kinder im Alter über siebzehn Jahren haben, und jetzt erst anfangen, mit ihnen über Sexualität zu sprechen, dann haben die Kinder ihre Sexualerziehung durch die Gesellschaft schon längst hinter sich. Aller Wahrscheinlichkeit nach ist ihr Sexualverständnis völlig verdreht und ganz anders, als Sie es erwarten.

In einem solchen Fall ist es nötig, dass Sie Ihre Kinder in ein ganz neues Konzept von Sexualität einführen, nämlich in ein gottgewolltes. In vielerlei Hinsicht werden Sie die von ihnen bereits übernommenen verdrehten Vorstellungen über Sexualität zerstören und ihnen ein ganz neues Verständnis eröffnen müssen, das auf Gottes Plänen beruht. Wenn Ihre Kinder noch um einiges jünger sind, haben Sie noch Zeit, ihr Herz zu erreichen, bevor die Gesellschaft es tut. Aber Sie müssen sehr früh damit anfangen.

Wer als Vater oder Mutter oder als Jugendleiter die ihm anvertrauten Kinder über Gottes Vorstellungen belehren will, muss zunächst einmal selbst begriffen haben, warum Gott uns als sexuelle Wesen erschaffen hat. Wir müssen die wahre Absicht hinter der Sexualität kennen, wir müssen verstehen, was sexuelle Reinheit wirklich bedeutet, warum es Leitplanken gibt und warum eine liebevolle Beziehung zu Ihren Kindern der Dreh- und Angelpunkt einer gottgefälligen Belehrung über Sexualität ist. Damit schaffen wir eine biblische Grundlage, um unsere Kinder in das einzuführen oder zu dem zurückzuführen, worum es bei der Sexualität eigentlich geht. Darum soll es im ersten Teil dieses Buches, »Sexualität gehört zu Gottes Plan«, gehen.

3. Wir müssen unsere Kinder aktiv anleiten, führen und belehren, damit sie Gottes Gedanken über Sexualität verstehen. Dazu bieten wir Ihnen im zweiten Teil dieses Buches »Tipps und Anregungen für Ihre Gespräche«. Diese kurzen Kapitel enthalten Erkenntnisse, Beispiele und Antworten und zeigen Wege auf, wie Sie mit Themen umgehen können, mit denen Sie entweder schon konfrontiert *wurden* oder bald konfrontiert *werden*. Wir wollen gemeinsam die vielen Möglichkeiten entdecken, wie man Gottes wunderbare Gabe der Sexualität den Kindern vorstellen oder wieder neu verdeutlichen kann.

Wir (Josh und Dottie) haben das als Eltern nicht immer perfekt hinbekommen. Perfekte Eltern gibt es nicht. Aber wir sind dankbar für die Möglichkeit, die wir hatten, unseren Kindern Gottes Gedanken über Sexualität zu vermitteln. Unsere vier Kinder sind jetzt alle verheiratet und haben selbst Kinder. Es ist faszinierend zuzuschauen, wie sie diese biblische Sicht von Sexualität an ihre eigenen Kinder – unsere Enkel – erfolgreich weitergeben. Wir möchten Ihnen Mut machen: Ihre biblischen Werte bezüglich Liebe und Sexualität können wirklich an die nächste Generation weitergegeben werden! Und wir hoffen, dass die folgenden Seiten Ihnen bei Ihren Bemühungen helfen werden, genau das zu tun.

Teil 1

Sexualität gehört zu Gottes Plan

Kapitel 2

Sexualität – von Gott geschenkt

Es war ein Tag wie kein anderer. Alles war so vollkommen, dass es besser nicht sein konnte. Es war ein Paradies von Gräsern und Blumen mit Tieren aller Art – und all das unter einem Baldachin aus Wolken und Himmel. Alles zusammen bildete ein atemberaubendes Gemälde von Vollkommenheit und Schönheit. Doch etwas fehlte noch in diesem Garten Eden: Adam, der erste Mensch, ging ohne einen menschlichen Partner im Paradies spazieren.

Gott erklärte: »Es ist nicht gut, dass der Mensch allein sei« (1. Mose 2,18). Hier, in dieser vollkommenen Welt, in die die Sünde bisher weder Scham noch Trauer gebracht hatte, fehlte etwas. Adam stand in großartiger Verbindung zu Gott. Er hatte einen vollkommenen Beruf, er durfte den herrlichen Garten pflegen. Er hatte genug zu essen. Doch tief in Adam gab es einen Mangel, eine schmerzliche Leere, die er nicht erklären konnte – nicht, bis Gott etwas Außerordentliches tat: Er ließ Adam in einen tiefen Schlaf fallen. Als der Mann erwachte, erlebte er etwas, was über sein Verstehen hinausging: Er sah ein Geschöpf namens *Frau*.

Stellen Sie sich vor, wie Adam durch sanft schwingende Palmwedel hindurch ein so reizendes Gesicht erblickte, dass er meinte, nie etwas derart Schönes gesehen zu haben. Stellen Sie sich weiter vor, wie er hingerissen dieses Wesen beobachtete, wie es in seinem ganzen Charme graziös auf ihn zuschritt. Ihre weich geformte Gestalt war wunderbarer als alles, was er bis dahin gesehen hatte. Stellen Sie sich vor, wie wild sein Herz schlug – denn ihre Schönheit, ihr Duft, ihre Gegenwart erfüllten alle seine Sinne und verschlugen ihm den Atem. Warum wurde er von ihr so stark angezogen? Woher kam sein unerklärbares Verlangen, mehr von ihr zu erfahren, als er mit seinen

Augen wahrnehmen konnte? Zum ersten Mal erlebte ein Mensch die wundersame göttliche Gabe der Sexualität.

Die frisch erschaffenen Menschen, der Mann und die Frau, waren nackt, so sagt es die Bibel. Offensichtlich begehrten sie einander körperlich. Ganz natürlich genossen sie einander sexuell. Und sie taten das alles ohne Scham und Schuldgefühle (vgl. 1. Mose 2,25).

Intimität

»Darum wird ein Mann seinen Vater und seine Mutter verlassen und seiner Frau anhangen, und sie werden ein Fleisch sein« (1. Mose 2,24).

Die Sexualität ist ein wunderbares Geschenk Gottes und gibt uns Menschen die Möglichkeit zu einer intimen, liebevollen Beziehung.

Mir (Dottie) haben bereits einige Frauen erzählt, dass sie in dem Glauben aufwuchsen, *Sex* sei ein schmutziges Wort. Obwohl sie verheiratet waren, fühlten sie sich schuldig, wenn sie mit ihrem Mann Sex hatten. Diese Frauen hatten eine verkehrte Sicht auf Sexualität. Es gibt überhaupt keinen Grund, sich wegen sexueller Beziehungen innerhalb der Ehe schmutzig oder schuldig zu fühlen. Gott schuf ja die Sexualität für verheiratete Eheleute, damit sie ihre intime Verbindung genießen können.

Diese Wahrheit ist sogar auf biologischer Ebene bestätigt worden. Forscher haben das Hormon Oxytocin entdeckt, das sie »Schmusehormon« nannten. Oxytocin ist ein chemischer Stoff, den unser Gehirn während des Geschlechtsverkehrs und bei allem, was diesem vorausgeht, ausschüttet. Es bewirkt Gefühle der Fürsorge, des Vertrauens und tiefer Zuneigung. Derselbe Stoff wird übrigens ausgeschüttet, wenn eine Mutter ihr Neugeborenes stillt. Der Zweck ist, eine feste menschliche Verbindung zu der anderen Person herzustellen.

Jedes Mal, wenn wir mit jemandem Sex haben, läuft im Körper also eine chemische Reaktion ab – die Ausschüttung von Oxytocin –, die bewirkt, dass wir eine innige Verbundenheit mit der anderen Person empfinden. Dies ist einer der Hauptzwecke von Sex. Gott selbst erschuf die Möglichkeit, dass das menschliche Bedürfnis nach Intimität auf biologischer Ebene gestillt werden kann. Doch das ist nur ein Teil des Ganzen. Intimität in einer Beziehung entsteht nicht nur durch den körperlichen Geschlechtsakt. Zur menschlichen Sexualität gehören alle Aspekte des menschlichen Seins: die körperlichen, emotionalen, geistlichen sowie beziehungsmäßigen Aspekte. Sex hat die Aufgabe, uns auf allen diesen Ebenen als Ehepaar miteinander zu verbinden.

Im Laufe der Jahre sind uns viele verheiratete Menschen begegnet, die wissen wollten, warum sie die Intimität in ihrer Beziehung verloren haben. Sie haben zwar noch körperlichen Sex, doch sie vermissen diese tiefe Art von Liebe, die sie als Ehepaar auf allen Ebenen verband. Es scheint so, als ob sie Sexualität als rein körperliches Vergnügen betrachten, das völlig losgelöst von ihrem geistlichen, emotionalen und beziehungsmäßigen Leben stattfindet. Sex ist zu etwas geworden, was sie einfach nur noch machen – er ist aber kein Mittel, durch das jeder Bereich ihres gemeinsamen Lebens Ausdruck findet. Die Wahrheit ist, dass ein fantastisches Sexualleben nicht die Grundlage für eine großartige Beziehung ist. Vielmehr führt die intime, enge Beziehung eines Ehepaars auf allen Ebenen zu einem fantastischen Sexualleben.

Die meisten unserer Kinder haben eine völlig falsche Vorstellung von Sex. Viele meinen, Sex sei einfach dazu da, sich mit seinem Freund oder seiner Freundin körperlich eng verbunden zu fühlen. Und das stimmt – Sex gibt im körperlichen Sinn für kurze Zeit das Gefühl der Nähe. Doch wie wir schon gesagt haben, ist einer seiner Hauptzwecke, ein Paar auf allen Ebenen zusammenzubringen, geistlich, emotional und beziehungsmäßig – und das auf Lebenszeit. Das ist es, was Jesus meinte, als er sagte: »Also sind sie nicht mehr zwei, sondern ein Fleisch. Was nun Gott zusammengefügt hat, soll der Mensch nicht scheiden« (Matthäus 19,6). Darum: Solange ein Mann und eine Frau nicht zu lebenslanger Intimität bereit sind, sollten sie sich nicht auf eine Handlung einlassen, die dazu bestimmt ist, genau dies zu bewirken.

Bei der Erziehung unserer Kinder müssen wir ihnen eine Sache deutlich machen: Sexualität, die Anziehungskraft zwischen den Geschlechtern, ist Gottes wunderschönes Geschenk für jeden von uns. Sex ist nichts Schmutziges, auch wenn einige Menschen ihn missbrauchen und Gottes Absicht mit ihm verdrehen. Nur weil eine destruktive Kultur etwas Schönes kaputtmacht, sollten wir nicht so tun, als sei Gottes Geschenk nicht gut oder gar eine Seuche. Wir müssen Sex und die menschliche Sexualität wieder auf die hohe Ebene heben, für die Gott sie bestimmt hat. Immerhin hat *er* sie gemacht. Wir wurden als sexuelle Wesen erschaffen.

Lust

Gott schuf Sexualität und sexuelle Beziehungen als »Bindemittel«, um Mann und Frau geistlich, emotional, körperlich und beziehungsmäßig auf Lebenszeit miteinander zu verbinden. Aber er hat dieses »Bindemittel« nicht als ein einmaliges Ereignis geschaffen. Das unbezwingbare Verlangen danach, miteinander eins zu werden, kann so häufig verspürt werden wie unser Appetit auf Nahrung, bei manchen sogar noch häufiger.

Intimität ist ein sehr wichtiger Faktor von Sex. Doch aus reinem Vergnügen Sex zu haben, ist ebenfalls ein sehr wichtiger Faktor. Sex sollte für jedes verheiratete Paar, das sich dazu verpflichtet hat, sich lebenslang zu lieben, eine große Freude sein. Das muss nicht bedeuten, dass das Vergnügen am Sex unbedingt bis ins hohe Alter reicht – unmöglich ist das aber nicht. Ein 84 Jahre alter Professor hielt eine Vorlesung über menschliche Sexualität. Einer seiner Studenten fragte ihn, wie lange ein Paar Sexualität genießen könnte. Er antwortete: »Das weiß ich nicht, aber es muss wohl irgendwann *nach* 84 aufhören!« Einfach ausgedrückt: Sex ist zum Vergnügen geschaffen, um einander innerhalb der ehelichen Grenzen mit Wonne zu genießen – so lange, wie dies körperlich möglich ist.

Uns ist bewusst, dass nicht alle mit unserer Aussage einverstanden sind, dass Sex auch zum Vergnügen geschaffen ist. Wir wollen sie nicht verurteilen, nur weil sie mit uns nicht einer Meinung sind. Wir respektieren jene Menschen, die glauben, Sex sei einfach nur eine Aufgabe und Verpflichtung – doch wir halten es andererseits für unsere Verpflichtung, diesen Menschen zu sagen, was für große Freuden sie sich entgehen lassen! Für jene, die wir noch nicht überzeugt haben, können wir unsere Behauptung, dass ehelicher Sex, der dem Vergnügen dient, gut ist, mit einigen Bibelstellen untermauern. Denn lesen Sie selbst:

> *»Deine Quelle sei gesegnet, und erfreue dich an der Frau deiner Jugend, der lieblichen Hirschkuh und anmutigen Gämse – ihre Brüste mögen dich berauschen zu aller Zeit, taumle stets in ihrer Liebe« (Sprüche 5,18-19).*

> *»Wie schön bist du, und wie lieblich bist du, o Liebe, unter den Wonnen! Dieser dein Wuchs gleicht der Palme, und deine Brüste den Trauben. Ich sprach: Ich will die Palme ersteigen, will ihre Zweige erfassen; und deine Brüste sollen mir sein wie Trauben des Weinstocks, und der Duft deiner Nase wie Äpfel, und dein Gaumen wie der beste Wein – der meinem Geliebten sanft hinuntergleitet, der über die Lippen der Schlummernden schleicht« (Hohelied 7,7-10).*

Nun, so steht es in meiner Bibel! Lassen Sie sich von nichts (weder von Ihrer Kultur noch von der verdrehten Sichtweise, mit der Sie aufgewachsen sind) die Freude rauben, die Gott Ihnen in Ihrem Sexualleben schenken will!

Als unsere Kinder größer wurden, ließ ich (Dottie) sie wissen, wie sehr Josh und ich uns aneinander erfreuten. Natürlich wollen Kinder sich die sexuellen Handlungen ihrer Eltern nicht gedanklich vorstellen. Doch ich ließ meine Kinder wissen, dass sexuelle Beziehungen dazu geschaffen wurden, schöne und genussvolle Erfahrungen zu schenken, wenn sie innerhalb einer Ehe zum Ausdruck gebracht werden. Mit viel Feingefühl erzählte ich ihnen, dass Josh und ich Gottes Gabe in hohem Maß zu schätzen wussten. Ganz nebenbei bemerkt: Wenn Sie noch mehr biblische Belege dafür brauchen, dass Gott ehelichen Sex genossen wissen will, dann lesen Sie doch noch einige weitere Verse aus dem »Lied der Lieder«, dem »Hohelied Salomos«.

Fortpflanzung

Eine der ersten Anweisungen, die Gott dem ersten Ehepaar, Adam und Eva, gab, war diese: »Seid fruchtbar und mehrt euch« (1. Mose 1,28). Nun, dies sollte der erfreulichste Befehl sein, den es jemals zu erfüllen galt! Ohne die Erfüllung des Fortpflanzungsbefehls könnte das Menschengeschlecht nicht bestehen.

Der Bibelvers beginnt mit folgenden Worten: »Und Gott segnete sie, und Gott sprach zu ihnen: ›Seid fruchtbar und mehrt euch ...‹« (1. Mose 1,28). Kinder zu haben, ist also offensichtlich ein Segen. Salomo sagte: »Kindeskinder sind die Krone der Alten, und der Schmuck der Kinder sind ihre Väter« (Sprüche 17,6).

Es gibt vielleicht nichts Aufregenderes, als zu begreifen, dass die intime Ausdrucksweise der Liebe gegenüber dem Ehepartner ein wertvolles Leben gezeugt hat, das für immer als Ihr eigener Sohn oder Ihre eigene Tochter gelten wird. Natürlich gibt es viele Herausforderungen bei der Geburt und Erziehung eines Kindes. Doch welch ein besonderes Privileg und welch ein Segen ist es, eine Familie zu haben!

Sie als Elternteil oder Jugendleiter, der dafür verantwortlich ist, anderen Eltern und deren Kindern zu helfen, wünschen sich, dass Ihre Kinder durchs Leben gehen, ohne auf Landminen wie Pornografie und vorehelichen Sex zu treten, und dass Ihren Kindern der Herzschmerz über eine zerbrochene Familie oder zerbrochene Beziehungen erspart bleibt. Sie haben den aufrichtigen Wunsch, dass Ihre Kinder ein Segen sein sollen: für Sie, für Gott und für die Welt um sie herum. Das wünschen wir uns alle. Einer der ersten Schritte zu diesem Ziel ist, unseren Kindern deutlich zu machen, dass Sex von Gott ist, dass er gut ist und dass er nicht nur zur Fortpflanzung gedacht ist, sondern auch dazu, dass wir Intimität und Vergnügen in der Ehebeziehung erleben können. Wie Sie dies alles Ihren Kindern vermitteln können, ist das Thema dieses Buches.

Unsere Kinder müssen verstehen, dass Gott ihr Leben und ihre Beziehungen durch Sex segnen will. Sie müssen den Zweck von Sex verstehen. Aber sie müssen auch lernen, damit richtig umzugehen. Sie müssen die Regeln kennen und verinnerlichen. Wie bei jeder anderen kraftvollen, dynamischen Sache müssen wir auch beim Sex wissen, wie man ihn richtig anwendet, müssen die »richtige Bedienung« von Sex kennen. Im nächsten Kapitel wollen wir uns damit beschäftigen, wie Sex innerhalb von Grenzen ausgeübt wird.

Kapitel 3

Sexualität – in Grenzen

Es war eine warme, dunkle Nacht. Justin und seine Freundin Maddie wollten schwimmen gehen. Justin wusste, dass seine Nachbarn ein paar Häuser weiter für einige Zeit verreist waren und einen Swimmingpool hinter dem Haus hatten. So schlichen er und Maddie hinter das Haus der Nachbarn, kletterten heimlich über den Zaun, der den Pool umgab, und freuten sich schon auf das erfrischende Nass.

Justin schleuderte seine Schuhe von den Füßen, kletterte die Leiter zum Sprungbrett hoch, und noch bevor Maddie auch nur ihre Schuhe und Socken ausgezogen hatte, sprang er schon kopfüber ins Wasser. Er hörte sie noch schreien, bevor er das Bewusstsein verlor.

Die Nachbarn hatten den Großteil des Wassers aus dem Pool abgelassen, sodass selbst an der tiefsten Stelle des Pools nur noch wenig Wasser übrig geblieben war. Weil Justin das in der Dunkelheit nicht sehen konnte, endete sein Tauchversuch mit einem flachen Wasserspritzer und dem entsetzlichen Knirschen von Knochen. Als Folge seines nächtlichen Kopfsprungs war Justin für den Rest seines Lebens vom Hals an abwärts querschnittsgelähmt.

Dieses Pärchen wollte nichts weiter als den Genuss einer zweisamen, nächtlichen Poolparty. Doch der Zaun markierte eine Grenze – eine Grenze, die ausdrückte: »Komm nicht herein!«, oder: »Kein Eintritt! Bleib draußen!« Doch Justin betrachtete den Zaun als einen Spielverderber, der ihn und seine Freundin davon abhalten wollte, Spaß zu haben. In Wirklichkeit jedoch war der Zaun dazu gedacht, ihn zu schützen.

Sex ist eine Lust

Bestimmt haben Sie Ihre Kinder auch schon einmal ermahnt: »Fass nicht auf die heiße Herdplatte!«, und: »Schau erst nach links und rechts, bevor du über die Straße gehst!« Auch haben Sie Ihren Kindern sicher schon viele banal wirkende Anweisungen gegeben wie: »Vergiss nicht, dir die Zähne zu putzen!« Damit waren Sie kein »Spielverderber« – Sie wollten nur das Beste für Ihr Kind. Es sollte sich nicht verbrennen, nicht von einem Auto überfahren werden und auch nicht Löcher in den Zähnen bekommen. Diese Verbote sind von Menschen gesetzte Grenzen. Sie sind wie ein Zaun, der dazu dient, Kinder vor Schaden zu bewahren.

Vielleicht haben Sie Ihren Kindern mit Erfolg einige grundlegende Verhaltensweisen beigebracht. Ihre Kinder haben vielleicht schon gelernt, dass man sich verbrennt, wenn man einen heißen Herd anfasst, dass man zu Schaden kommt, wenn man vor ein fahrendes Auto läuft, oder dass ungeputzte Zähne dazu neigen, schmerzhafte Löcher zu bekommen. Viel herausfordernder ist es dagegen für Kinder und junge Leute – ja, sogar für Erwachsene –, zu begreifen, dass die Übertretung der göttlichen Gebote in Bezug auf das Sexualverhalten Leid und Herzschmerz verursacht!

Wer eine heiße Herdplatte anfasst, spürt den Schmerz sofort. Wer von einem fahrenden Auto erfasst wird, kommt augenblicklich zu Schaden. Doch Sex macht im Allgemeinen Spaß, sei es innerhalb der ehelichen Grenzen oder außerhalb. Die körperliche Freude am Sex kann genossen werden, auch wenn sie nicht erlaubt ist – der Körper eines jungen Menschen weiß nicht, ob er verheiratet ist oder nicht.

Tatsächlich fühlt sich Sex in der Hitze des Augenblicks gut an – egal, ob er moralisch richtig oder falsch ist. Daher werden wir wenig Erfolg haben, wenn wir unseren Kindern weismachen wollen, Sex vor der Ehe sei deshalb schlecht, weil er keinen Spaß mache. Sie haben bereits von zahlreichen anderen Quellen gehört, dass Sex so gut wie immer ein großartiges Erlebnis ist. In den Medien wird Sex als augenblickliches Vergnügen ohne negative Langzeitfolgen dargestellt. Was können wir dem also entgegensetzen?

Sex wirklich genießen

Was sagen wir als Eltern oder Jugendleiter, wenn wir unsere Jugendlichen davon abhalten wollen, etwas Bestimmtes zu tun? Gewöhnlich erzählen wir ihnen doch, wie schlecht diese Sache ist und was für negative Folgen es nach sich ziehen wird, wenn sie jene Sache machen. Wahrscheinlich werden wir den jungen Leuten nicht erklären, wie sie das Beste aus einer Sache herausholen können, von der wir wollen, dass sie diese vermeiden, oder?

Aber wenn es um Sex geht, müssen unsere Kinder begreifen, wie fantastisch und großartig er ist, wenn man ihn mit der *richtigen* Person zur *richtigen* Zeit erlebt. Mit anderen Worten: Erst, wenn ein Mensch sich in dem von Gott vorgesehenen Rahmen sexuell betätigt, kann er das im höchsten Maße genießen! Wir sind gut beraten, die Gebrauchsanweisung für ein Gerät zu befolgen, in der der Zweck und die Funktion des Gerätes beschrieben wird. Wir maximieren den Nutzen von Dingen, wenn wir sie so gebrauchen, wie sie gebraucht werden sollen.

Haben Sie schon einmal versucht, einen Fisch Gassi zu führen, am Nordpol eine Palme wachsen zu lassen oder eine Kreuzschlitzschraube mit einem Schlitzschraubenzieher einzudrehen? Sie werden schnell an Ihre Grenzen stoßen. Warum? Weil der Fisch nicht zum Spazierengehen geschaffen ist. Er ist zum Leben im Wasser bestimmt und nicht zum Leben auf dem Land. Wenn ein Fisch sein Leben genießen will, dann muss er dort leben, wo er leben soll – nämlich im Wasser.

Palmen sind dazu bestimmt, in Regionen zu wachsen, in denen beständig warme Temperaturen herrschen. Sie sind tropische Bäume. Wenn sie so leben sollen, wie es für sie vorgesehen ist, müssen sie von kalten Regionen wie dem Nordpol ferngehalten werden. Sogar eine so einfache Aufgabe wie das Eindrehen einer Kreuzschlitzschraube in die Wand ist schwer zu erfüllen, wenn man den falschen Schraubenzieher benutzt. Wenn Maschinen, Pflanzen und Tiere funktionieren sollen, müssen sie entsprechend ihrer Bestimmung behandelt werden. So einfach ist das.

Unsere Kinder müssen verstehen, dass Sexualität von Gott zu einem bestimmten Zweck geschaffen wurde. Sie ist ein fantastisches Geschenk, um das Liebesleben eines verheirateten Paares fortwährend intensiver werden zu lassen, um Freude und körperliches Vergnügen in ihre Beziehung zu bringen und eine liebende Familie mit einem oder mehreren Kindern zu schaffen. Wenn wir Sexualität respektieren und ehren, indem wir damit so umgehen, wie es seinem eigentlichen Zweck entspricht, dann ist es definitiv eines der besten Dinge, die Gott geschaffen hat.

Lassen Sie Ihre Kinder wissen, dass es einen klaren Weg gibt, wie man das wunderbare Geschenk namens Sex genießen kann. Sex ist keinesfalls etwas Schmutziges oder Falsches. Sex ist vielmehr eine wunderschöne Art, ein Ehepaar zusammenzuschweißen, wenn nur die eine, alles entscheidende Richtlinie beachtet wird: die Gebrauchsanweisung des Herstellers! Setzen Sie sich entschlossen dafür ein, Ihren Kindern deutlich zu machen, dass Gott uns ganz bestimmte Anweisungen dafür gegeben hat, wie wir maximale Freude an der Sexualität erleben können.

Nein ist die *positive* Antwort

Ist Ihnen schon einmal aufgefallen, dass Gott für jedes Nein in seinem Wort zwei Gründe hat, die seiner Liebe entspringen? Er will immer für uns sorgen und uns immer beschützen. Mose erkannte diese beiden Gründe Gottes an, als er das Volk Israel ermahnte:

> *»Und nun, Israel, was fordert der HERR, dein Gott, von dir, als nur, den HERRN, deinen Gott, zu fürchten, auf allen seinen Wegen zu wandeln und ihn zu lieben und dem HERRN, dei-*

nem Gott, zu dienen mit deinem ganzen Herzen und mit deiner ganzen Seele, indem du die Gebote des HERRN und seine Satzungen, die ich dir heute gebiete, hältst, dir zum Guten?« (5. Mose 10,12-13).

Ja, es ist zu unserem Guten, wenn Gott sagt: »Tut dies nicht!«, oder: »Tut das nicht!« Gott richtet Grenzen auf und stellt Verbotsschilder auf, um für uns zu sorgen und um uns zu beschützen. Schauen Sie sich mal Psalm 145 an. Dort wird Gott als ein gnädiger Versorger und Beschützer beschrieben. Auch wenn es um Sex geht, möchte Gott unser Versorger und Beschützer sein. Aber um dies zu erfahren, müssen wir zuerst die Grenzen und die Verbotsschilder beachten, die Gott in Bezug auf das Sexualverhalten aufgestellt hat. Mit anderen Worten: Wir müssen sexuelle Unmoral vermeiden.

Nach biblischem Verständnis ist sexuelle Unmoral jegliche Form von Sex, der sich außerhalb einer Ehe zwischen einem Mann und einer Frau abspielt (also jeder außereheliche und jeder voreheliche Sex). Dazu sagt die Bibel:

»... euch zu enthalten von ... Hurerei ...« (Apostelgeschichte 15,29).

»Flieht die Hurerei!« (1. Korinther 6,18).

»Lasst uns auch nicht Hurerei treiben ...« (1. Korinther 10,8).

»Hurerei aber und alle Unreinheit ... werde nicht einmal unter euch genannt, wie es Heiligen geziemt ...« (Epheser 5,3).

»Denn dies ist Gottes Wille: eure Heiligkeit, dass ihr euch der Hurerei enthaltet ...« (1. Thessalonicher 4,3).

Die Grenzen sexueller Moral und die Stoppschilder in Bezug auf außerehelichen und vorehelichen Sex zu respektieren, bedeutet Schutz und gleichzeitig Vorsorge. Ich nenne hier nur einige Beispiele:

Schutz vor …	Vorsorge für …
… Schuld	… geistlichen Lohn
… ungeplanter Schwangerschaft	… eine optimale Umgebung für die Erziehung eines Kindes
… Geschlechtskrankheiten	… inneren Frieden
… Unsicherheit in sexuellen Beziehungen	… Vertrauen
… emotionalen Verletzungen	… wahre Intimität

All diese Vorteile tragen mit Sicherheit zu einer Verbesserung des persönlichen Sexuallebens in der Ehe bei. So trafen wir als junges Paar schon früh die Entscheidung, dass wir auf die liebevolle Verbindlichkeit der Ehe warten wollten, bevor wir sexuell zusammenkamen. Diese Verbindlichkeit bedeutete auch, dass wir uns nach der Hochzeit sexuell die Treue halten wollten. Und das haben wir getan. Weil wir beide Gottes Geboten in Bezug auf Sex gehorsam waren, wurden wir vor Schuld bewahrt und haben eine ungetrübte Beziehung zu Gott genießen können.

Wir haben nie das Leid erfahren müssen, das eine voreheliche Schwangerschaft mit sich bringt. Folglich blieb uns auch der Schmerz erspart, eine Adoption planen zu müssen oder wegen der Schwangerschaft übereilt zu heiraten, bevor wir uns auf eine Ehe vorbereiten konnten.

Wir sind vor der Angst bewahrt geblieben, dass Geschlechtskrankheiten in unser Ehebett gelangen könnten.

Wir sind vor sexueller Unsicherheit bewahrt geblieben, deren Ursache darin liegt, dass ein Partner den anderen mit vorherigen Sexualpartnern vergleicht. Vielmehr konnten wir den Segen einer vertrauensvollen Beziehung erleben.

Wir wurden vor den emotionalen Verletzungen bewahrt, den vorehelicher Sex mit sich bringen kann, und vor dem Gefühl, betrogen zu werden, das durch außereheliche Affären verursacht werden kann.

Als Ergebnis haben wir eine Art von Intimität in unserer Beziehung genossen, die frei von Vertrauensbrüchen oder Belastungen durch die Vergangenheit war.

Sex, wie Gott ihn vorgesehen hat, soll innerhalb von gesunden Grenzen – nämlich Enthaltsamkeit *vor* der Ehe und Treue *während* der Ehe – erlebt werden. Nach Gottes Plan zu handeln, ermöglicht einem Paar erst, Sex in seiner eigentlichen Schönheit zu erleben. Doch es ist von grundlegender Bedeutung, dass unsere Kinder diese Grenzen verstehen und sie selbst benennen können. Denn diese Grenzen sind es, die das Nein zu einer positiven Antwort machen. Erst diese Einschränkungen ermöglichen eine maximale Freude am Sex.

Die Grenzen erkennen

Wir haben bereits festgestellt, dass Gottes Grenzen zu dem Zweck bestehen, uns zu schützen und für uns zu sorgen. In der Bibel werden mindestens drei solcher Grenzen in Bezug auf das Sexualverhalten beschrieben. Bildlich gesprochen stellen diese Grenzen einen Weg dar, an dem sich auf beiden Seiten Leitplanken befinden. Nur wenn wir weder nach rechts noch nach links abweichen, sondern stets auf diesem Weg bleiben, werden wir Sex so großartig erleben, wie Gott ihn vorgesehen hat.

Die Grenze der Reinheit

In der Bibel lesen wir: »Die Ehe sei geehrt in allem und das Ehebett unbefleckt« (Hebräer 13,4). »Denn dies ist Gottes Wille: eure Heiligkeit, dass ihr euch der Hurerei enthaltet, dass jeder von euch sein eigenes Gefäß in Heiligkeit und Ehrbarkeit zu besitzen wisse, nicht in Leidenschaft der Lust … Denn Gott hat uns nicht zur Unreinheit berufen, sondern in Heiligkeit« (1. Thessalonicher 4,3-5.7).

Reinheit ist Gottes Grenze, welche uns ein Sexualleben von maximaler Freude ermöglicht, und uns gleichzeitig vor den negativen Konsequenzen sexueller Unmoral bewahrt. Doch was bedeutet es, rein zu sein?

Haben Sie schon einmal eine Flasche reinen Fruchtsaft gekauft? Auf einigen Etiketten ist zu lesen: »100 % Direktsaft – nur fruchteigener Zucker«. Bei diesem Lebensmittelbeispiel bedeutet Reinheit, dass keine fremden, geschmacksverändernden Substanzen enthalten sind.

In sexueller Hinsicht rein zu sein, bedeutet, so zu leben, dass nichts Gottes ursprünglichen, vollkommenen Plan kaputtmacht. Sex wurde geschaffen, um zwischen einem Ehemann und seiner Ehefrau erlebt zu werden. Mehr als einen Sexualpartner zu haben, würde bedeuten, eine fremde Substanz in diese Beziehung zu bringen – und damit würde die Beziehung aufhören, rein zu sein. Wenn man einen schmutzigen Stein in ein Glas mit reinem Wasser legt, wird das Wasser schmutzig. Wasser ohne jegliche Verschmutzung ist ungetrübt. Gott will, dass unser Sexualleben rein und ungetrübt ist.

Gott hat Sex dafür geschaffen, innerhalb einer ungebrochenen, reinen, exklusiven Beziehung erlebt zu werden, die zwei jungfräuliche Partner miteinander eingehen. Diese reine Verbindung kann schon *vor* der Hochzeit zerbrechen, wenn einer oder beide Partner mit dem Sex nicht bis zur Ehe gewartet haben und somit das Ehebett befleckt haben.

Woher kommt sexuelle Reinheit? Sie kommt von Gott selbst. Er hat gesagt: »Seid heilig, denn ich bin heilig« (1. Petrus 1,16). »… jeder, der diese Hoffnung [der Herrlichkeit] zu ihm hat, reinigt sich selbst, wie er rein ist« (1. Johannes 3,3). Gottes ganzes Wesen ist heilig und rein. »… kein Unrecht ist in ihm« (Psalm 92,16). Und wenn wir in unserem Leben Gottes Wesen widerspiegeln, indem wir vor und während der Ehe rein bleiben, dann werden wir Gottes Schutz und Vorsorge in Bezug auf Sex erfahren und können Sex so erleben, wie er gedacht war.

Das siebte Gebot lautet: »Du sollst nicht ehebrechen« (2. Mose 20,14). Jesus stellte klar, dass, wenn ein Mann und eine Frau durch Ehe zu einer Einheit verbunden sind, sie keinen Ehebruch begehen dürfen, sondern sich gegenseitig die Treue halten sollen. Darum sagte er: »Was nun Gott zusammengefügt hat, soll der Mensch nicht scheiden« (Markus 10,9). Gott hatte Israel gesagt: »... ich hasse Entlassung [oder: Scheidung] ... So hütet euch in eurem Geist, dass ihr nicht treulos handelt!« (Maleachi 2,16).

Bei ihrer Hochzeit versprechen sich Mann und Frau gegenseitig, die Treue zu halten in guten und in schlechten Tagen, in Reichtum und Armut, in Krankheit und Gesundheit, und einander zu lieben, zu achten und zu ehren, »bis dass der Tod uns scheidet«. Es gibt vielleicht nichts Schöneres, als zu wissen, dass jemand Sie mehr als jeden anderen Menschen liebt und Ihnen deshalb lebenslange Treue verspricht. Treue ist eine von Gott eingesetzte Grenze, die uns eine maximale Freude am Sexualleben ermöglicht und uns vor all den negativen Folgen sexueller Unmoral bewahrt.

Mein Mann Josh ist die meiste Zeit unseres Ehelebens auf Reisen unterwegs gewesen. Er hatte mehr als eine Möglichkeit, mir untreu zu sein. Aber in den mittlerweile über vierzig Jahren unserer Ehe hat er Loyalität, Treue und wahre Hingabe an die eine Person in seinem Leben erwiesen, die seine einzige Liebe ist und mit der allein er eine sexuelle Beziehung hat – und diese Person bin ich! Das bedeutet mir mehr als alles andere. Es gibt mir Sicherheit und lässt mich verstehen, dass ich geliebt bin. Von all den mehr als drei Milliarden Frauen auf diesem Planeten bin ich die eine, einzigartige für den, der mich liebt, nämlich für Josh. Diese Art von Liebe ist von unschätzbarem Wert.

Wir sind von Gott mit dem Verlangen und der Sehnsucht erschaffen worden, für jemand anderen dieses »Ein und Alles« zu sein. Dieser Wunsch entstammt Gottes eigenem Wesen. »So erkenne denn, dass der HERR, dein Gott, Gott ist, der treue Gott, der den Bund auf tausend Geschlechter hin ... bewahrt ...« (5. Mose 7,9), sagte Mose den Israeliten. Treue und liebende Hingabe nach göttlichem Vorbild sind wirklich eine schützende und vorsorgende Grenze für unser Sexualleben.

Der Weg der Liebe

Sex sollte innerhalb der Grenzen von *Reinheit* auf der einen Seite und *Treue* auf der anderen Seite erlebt werden. Dadurch entsteht ein sicherer Weg für die sexuelle Beziehung eines verheirateten Paares. Dieser Weg ist die *Liebe*.

Die meisten Kinder, die in einem christlichen Elternhaus aufwachsen, haben einen guten moralischen Maßstab. Mit hoher Wahrscheinlichkeit sind sie davon überzeugt, dass es falsch ist, wenn junge Leute einfach mit jemanden Sex haben, mit dem sie gerade Sex haben möchten und mit dem sie nicht verheiratet sind. Natürlich dürfen Sie sich darüber freuen, wenn Ihre Kinder so denken. Aber die Sache hat einen Haken.

Viele Kinder aus guten Gemeinden und christlichen Familien sind der Ansicht, dass es sich mit diesem Thema aber irgendwie anders verhält, wenn zwei Menschen in einer *verbindlichen* Beziehung leben, in der »wahre Liebe« im Spiel ist. In solchen Fällen scheint es für sie völlig in Ordnung zu sein, bereits vor der Ehe Sex zu haben, weil die Liebe es »richtig macht«.

Viele Eltern und Jugendleiter reagieren schockiert, wenn ich (Josh) sage, dass ich den jungen Leuten, die so denken, in gewisser Weise recht gebe: Ich glaube, dass wahre Liebe es *sehr wohl* richtig macht. Wahre Liebe *ist* der biblische Maßstab für Sex. Das Problem ist nur, dass die meisten jungen Leute von einem falschen Maßstab für Liebe ausgehen – nämlich von einem, der besagt, Liebe erlaube Sex ohne die Grenzen von Reinheit und Treue.

Was wir verstehen müssen, ist *Gottes* Definition von Liebe. Im ersten Korintherbrief beschreibt der Apostel Paulus sehr gut, was Liebe tut und was sie nicht tut:

»Die Liebe ist langmütig, ist gütig; die Liebe neidet nicht, die Liebe tut nicht groß, sie bläht sich nicht auf, sie gebärdet sich nicht unanständig, sie sucht nicht das Ihre, sie lässt sich nicht erbittern, sie rechnet das Böse nicht zu, sie freut sich nicht über die Ungerechtigkeit, sondern sie freut sich mit der Wahrheit …« (1. Korinther 13,4-6).

Aber das ist keine richtige Definition von Liebe.

Paulus schreibt: »Die Liebe tut dem Nächsten nichts Böses« (Römer 13,10). Stattdessen sollen wir alle Menschen so behandeln, wie wir auch selbst behandelt werden wollen. Kennen Sie die »Goldene Regel«? Wir finden sie in Matthäus 7,12. Dort befiehlt Jesus: »Alles nun, was irgend ihr wollt, dass euch die Menschen tun, das tut auch ihr ihnen ebenso!« Paulus drückt es so aus: »… ein jeder nicht auf das Seine sehend, sondern ein jeder auch auf das der anderen« (Philipper 2,4). Nun beginnen wir zu verstehen, dass wahre Liebe nicht selbstsüchtig ist.

Was sagt die Bibel nun dazu, wie ein Ehemann seine Frau lieben soll?

»So sind auch die Männer schuldig, ihre Frauen zu lieben wie ihre eigenen Leiber. Wer seine Frau liebt, liebt sich selbst. Denn niemand hat jemals sein eigenes Fleisch gehasst, sondern er nährt und pflegt es, wie auch der Christus die Versammlung« (Epheser 5,28-29).

Was für eine Art von Liebe wird hier beschrieben? Eine Liebe, die nährt und pflegt, die sich um den Partner sorgt und sich um ihn kümmert, ihn wertschätzt und schützt. Mithilfe dieser und anderer Verse können wir wahre Liebe etwa so definieren:

Der wahren Liebe sind die Sicherheit, das Glück und das Wohlergehen einer anderen Person so wichtig wie die eigene Sicherheit, das eigene Glück und das eigene Wohlergehen.

Wenn ein Partner den anderen auf eine solche Weise liebt, wird er die Grenzen von Reinheit und Treue akzeptieren und ihr gemeinsames Sexualleben danach ausrichten, denn diese Grenzen haben für beide Partner Freude zur Folge und bewahren sie davor, Schaden zu nehmen. Liebe – wahre Liebe – wird mit dem Sex bis zur Ehe warten und auch innerhalb der Ehe die Reinheit und die Treue bewahren. In dieser Hinsicht also macht die wahre Liebe es richtig.

Woher kommt aber diese Liebe? Von Gott selbst, »denn Gott ist Liebe« (1. Johannes 4,8). Liebe nach Gottes Definition ist eine Liebe, die den geliebten Menschen vor Leid bewahren und alles zu seinem Wohl bereitstellen möchte. Diese göttliche Art von Liebe gibt, sie vertraut, sie bietet Sicherheit und Schutz, sie ist loyal und währt ewig. Und weil es ihr in erster Linie darum geht, den Geliebten zu schützen und für ihn zu sorgen, wird diese Liebe niemals etwas unternehmen, was der Sicherheit, dem Glück und dem Wohlergehen der geliebten Person schaden könnte.

Ist das nicht der Weg, von dem Sie möchten, dass Ihre Kinder ihn gehen? Hoffen Sie nicht auch, dass Ihre Kinder Reinheit und Treue als Grenzen für den Weg der Liebe anerkennen? Es ist nicht unbedingt einfach, unseren Kindern diese Wahrheiten so beizubringen, dass sie sie verinnerlichen, wenn die Gesellschaft um sie herum genau das Gegenteil behauptet. Doch wir glauben fest daran, dass es trotzdem möglich ist. Sie müssen dafür Ihren Kindern diese Wahrheiten nicht wie in der Schule, wie ein Lehrer vor seinen Schülern, vermitteln. Das könnte tatsächlich sogar äußerst kontraproduktiv sein. Doch es gibt einen Weg, seinen Kindern Gottes Plan für Sex nahezubringen. Es gibt einen Ansatz, der eine positive Reaktion bei den Kindern hervorrufen wird. Leider haben viele Eltern und Jugendleiter diesen Ansatz nicht im Blick. Wie er aussieht, soll Thema des nächsten Kapitels sein.

Kapitel 4

Sexualität – in Beziehungen

Er rannte auf mich zu und packte meinen Arm. Ich drehte mich um. Er kam direkt zum Thema, ohne sich vorzustellen: »Josh, was mache ich bloß mit meiner Familie?«

Ich hatte gerade meinen Vortrag vor sechshundert Pastoren auf den Philippinen beendet. Es ging darum, wie man für seine Kinder ein Held sein kann. Dieser Pastor erklärte mir nun, dass seine drei Kinder – siebzehn, dreizehn und zehn Jahre alt – als »die schlimmsten Kinder der ganzen Gemeinde« angesehen wurden.

»Ich habe alles getan, was mir einfiel«, versicherte er mir. »Ich habe ihnen unablässig Gottes Wort gepredigt. Ich ließ sie Bibelverse auswendig lernen. Sie wissen ganz genau, was von ihnen erwartet wird, aber sie sind und bleiben rebellisch! Was soll ich nur machen?«

Aus der Stimme dieses Vaters klang Verzweiflung. Er versuchte auf jede erdenkliche Weise, seine Kinder dahin zu bringen, in den Grenzen von Gottes Geboten zu leben. Er wollte so gern, dass sie den Schutz und die Vorsorge erfahren, die im Gehorsam gegenüber Gott zu finden sind. Schließlich wünschen wir uns das ja alle für unsere Kinder.

Ich legte meine Hand auf seine Schulter und blickte ihm direkt in die Augen.

»Bruder, mein Rat für dich ist: Vergiss die Regeln!«

»Was?«, fragte er ungläubig. »Das ist ja gerade das Schlimme, sie gehorchen gar keinen Regeln. Sie glauben sogar, dass sie sich nicht daran halten müssten!«

»Ich weiß, wovon du sprichst«, sagte ich ihm, »aber ich sage es noch einmal: Hör auf, immer auf den Regeln herumzureiten!«

Oberflächlich betrachtet scheint das kein besonders guter Rat zu sein, oder? Wir alle wissen doch, wie wichtig Regeln sind. Denn sie definieren die Grenzen und Richtlinien für unser Handeln. Aber sie sind nicht das Wichtigste. Wir müssen nämlich begreifen, was *echte* Veränderung im Verhalten unserer Kinder bewirkt. Denn das ist es ja, was wir vor allem wollen: unsere Kinder dazu anzuleiten, selbst die richtigen Entscheidungen zu treffen – und wenn sie dies einmal nicht getan haben, dann möchten wir ihnen wieder auf den richtigen Weg helfen. Doch wie können wir das schaffen? Dottie und ich fanden einige Grafiken, die Sie auf den folgenden Seiten finden, sehr hilfreich bei der Aufgabe, unsere eigenen Kinder dazu anzuleiten, die richtigen moralischen Entscheidungen zu treffen.

Wir wissen, dass alle unsere Handlungen und unser ganzes Verhalten von irgendetwas genährt oder bestimmt werden. Dieses »irgendetwas« sind unsere Werte. Unsere moralischen Entscheidungen werden tatsächlich von unseren Werten diktiert. Doch wodurch werden unsere Werte geformt? Unsere Werte werden durch das geformt, was wir glauben. Jeder von uns kommt dahin, dass er einige Dinge in der ihn umgebenden Welt für wahr und andere für unwahr hält. Diese Glaubensinhalte formen unsere Werte, und unsere Werte bestimmen unser Verhalten (siehe Grafik).

Unsere Glaubensüberzeugung können wir auch als unsere *Weltanschauung* bezeichnen. Was bedeutet dieses Wort? Ganz einfach ausgedrückt: Der Begriff »Weltanschauung« beschreibt, wie wir die Welt sehen und beurteilen und was wir als die Wahrheit in Bezug auf die Grundlagen der Welt annehmen. Die Weltanschauung ist die Linse, durch die wir die Welt betrachten. Sie gleicht einer mentalen Landkarte der Wirklichkeit. Die Weltanschauung der jungen Leute stuft Pornografie als akzeptablen Ausdruck von Sexualität ein. Gewisse Überzeugungen haben ihre Werte geformt, und diese Werte bestimmen ihre Handlungen.

Wenn also unser Freund, der Pastor auf den Philippinen, lediglich an den Handlungen und dem Benehmen seiner drei Kinder etwas ändern will: Wie weit wird er damit kommen? Ja, vielleicht wird er durch Regeln oder Beschränkungen etwas ändern – zumindest für eine gewisse Zeit. Aber wirkliche, dauerhafte Veränderung muss auf einer viel tiefer liegenden Ebene beginnen. Wie schon erwähnt, unterrichten viele Eltern ihre Kinder zu Hause[22] oder schicken sie auf christliche Schulen, in christliche Jugendgruppen oder zu christlichen Sommerlagern in der Hoffnung, dadurch ihr Verhalten positiv zu beeinflussen. Diese Eltern hoffen, dass ihre Kinder dort die richtigen Dinge beigebracht bekommen, sodass sie Gottes Wahrheit über Liebe und Sex und über Richtig und Falsch glauben lernen. Dann – so hoffen die Eltern – würden die Kinder schon die richtigen moralischen Entscheidungen treffen. Das ist alles schön und gut – aber an dieser Stelle möchten wir betonen: Wenn Sie Ihren Kindern nur beibringen, die Wahrheit zu glauben, reicht das auf keinen Fall aus.

Die fehlende Grundlage

Vor nicht allzu langer Zeit predigte ich (Josh) in einer großen Gemeinde im Mittleren Westen der USA. Diese Gemeinde hatte gerade ein Bauprojekt abgeschlossen und war in ihr neues, größeres Gebäude umgezogen. Als ich mich dem Eingang näherte, bemerkte ich ein riesiges Banner, das an der Gebäudefront hing. Darauf stand: »Wir predigen die Wahrheit – und nichts als die Wahrheit!«

Natürlich müssen wir unsere Kinder Gottes Wahrheit lehren. Nur so können sie überhaupt erst zu einer richtigen Glaubensüberzeugung und biblischen Weltanschauung gelangen. Aber ich habe schon zu viele ähnlich klingende Aussagen gehört, um nicht misstrauisch zu sein, wenn Leute in dieser Weise von »nichts als die Wahrheit« sprechen. Und deshalb war mein erster Gedanke beim Anblick dieses Banners: »Wenn mit diesem Satz das gemeint ist, was ich befürchte, dann ist diese Gemeinde zum Scheitern verurteilt.«

Viele Eltern sind in dieselbe Falle getappt. Sie glauben, sie haben schon genug getan, wenn sie ihre Kinder Gottes Wahrheit gelehrt haben und die Kinder diese Wahrheit glauben, weil die Kinder dann ja »automatisch« die richtigen Werte festhalten und die richtigen Dinge tun würden. Aber diese Vorgehensweise ist zum Scheitern verurteilt. Ihr fehlt nämlich der wichtigste Bestandteil, sozusagen der »Schlüssel«, durch den Gottes Wahrheit erst lebendig wird und der Menschen von Grund auf verändern kann. Und dieser Schlüssel heißt *Beziehung*!

König David sagte: »Richte mich, HERR! Denn in meiner Lauterkeit bin ich gewandelt; … in deiner Wahrheit wandle ich« (Psalm 26,1.3). Wenn wir jedoch nur Teile der Verse 1 und 3 zitieren, geht uns der Zusammenhang, in dem die Wahrheit ausgelebt werden soll, völlig verloren. Denn Gottes Wahrheit kommt stets von einem liebenden Gott, der nur unser Bestes im Sinn hat. So lassen Sie uns nun den ganzen Vers 3 lesen:

> *»Denn deine Güte ist vor meinen Augen, und in deiner Wahrheit wandle ich« (Psalm 26,3).*

David war sich beständig der Güte und nie versiegenden Liebe Gottes sowie seiner Beziehung zu ihm bewusst. An anderer Stelle betete er: »Lehre mich, HERR, deinen Weg: Ich werde wandeln in deiner Wahrheit …«, und bestätigte dabei: »Denn deine Güte ist groß gegen mich« (Psalm 86,11.13). David war sich also bewusst, dass es eine direkte Verbindung gibt zwischen dem Kennen Gottes und der Liebe zu Gott und dann auch dem Wunsch, ein Leben zur Ehre dieses Gottes zu führen. Er hatte erkannt, dass die Kraft für sein richtiges Verhalten nur aus der unversiegbaren Liebe und Güte Gottes zu ihm kommen konnte. Auch der Apostel Johannes spricht von dieser Kraft, wenn er feststellt: »Wir lieben, weil er uns zuerst geliebt hat« (1. Johannes 4,19).

Wir erwähnten bereits, dass unsere Glaubensüberzeugung unsere Werte prägt und diese Werte dann unsere Handlungen steuern. Genauso wird auch alles, was wir über Gott, über uns selbst und über das Leben glauben, durch unsere Erfahrungen beeinflusst, die wir innerhalb von Beziehungen machen. König David hatte es verstanden: Richtige Handlungen entspringen der Wertschätzung von Gottes Wahrheit (Glaubensüberzeugungen und Werte), und alles bezieht seine Kraft aus der unversiegbaren Liebe Gottes (Beziehung).

Alles, was Ihre Kinder gelernt haben – alles, was sie wissen, ja, sogar *wie* sie es gelernt haben – hat ihren Ursprung in ihrer Beziehung zu jemandem oder etwas gehabt. Wir bedenken diese Tatsache oft nicht, aber ein Großteil von dem, was, wie und wer jeder von uns heute ist, hängt direkt davon ab, mit wem und wie wir mit jemand anderem in Beziehung stehen. Aus genau diesen Beziehungen gewinnen wir unsere Glaubensüberzeugungen – unsere Weltanschauung. Liebende Beziehungen sind der fruchtbare Boden, auf dem die Glaubensüberzeugungen unserer Kinder gedeihen, durch die ihre Werte geformt werden, die wiederum ihre Handlungen bestimmen (siehe Grafik).

Warum sind Beziehungen so wichtig für die Entwicklung richtiger Glaubensüberzeugungen, Werte und Handlungen? Weil wir so erschaffen wurden! Gott pflanzte die Fähigkeit zu liebenden Beziehungen in uns hinein. Neueste medizinische Studien haben diese Wahrheit bestätigt, als sie die Entwicklung der Gehirnstruktur untersuchten.

Vor einigen Jahren beauftragte die *Dartmouth Medical School* eine wissenschaftliche Studie an Jugendlichen. Das Projekt mit dem Namen »Hardwired to Connect« analysierte die Ergebnisse von mehr als 260 verschiedenen Studien über Jugendliche. Aus dem Bericht geht hervor, dass 100 % der Studien belegen, dass ab dem Zeitpunkt der Geburt eines Babys sein Gehirn physikalisch, biologisch und chemisch darauf ausgerichtet ist, in Beziehung zu anderen Menschen zu treten.[23] Aus diesem Grund sagte der renommierte Wissenschaftler Dr. Allan Schore von der *UCLA School of Medicine*: »Wir sind dazu geboren, Bindungen aufzubauen. Unser Gehirn ist physisch darauf angelegt, sich durch emotionale Kommunikation mit anderen Menschen zu entwickeln, und das bereits, bevor wir die ersten Worte sprechen.«[24] Das sollte uns eigentlich nicht überraschen. Doch nur allzu oft vermitteln wir Regeln und Wahrheit losgelöst von liebenden Beziehungen. Wir halten uns an den Satz auf dem Banner des Gemeindegebäudes: »Wir predigen die Wahrheit – und nichts als die Wahrheit!«

Im Epheserbrief sagt der Apostel Paulus, dass wir die Wahrheit in Liebe festhalten sollen (vgl. Epheser 4,15). Die Wahrheit sollte ausschließlich im Kontext einer liebenden Beziehung gelehrt werden. Paulus schreibt in 1. Thessalonicher 2,8: »So, da wir ein sehnliches Verlangen nach euch haben, gefiel es uns wohl, euch nicht allein das Evangelium Gottes, sondern auch unser eigenes Leben mitzuteilen, weil ihr uns lieb geworden wart.« Paulus setzte sich nicht einseitig für »die Wahrheit – und nichts als die Wahrheit« ein, sondern lehrte sie im Kontext einer lebendigen Beziehung zu denen, die er liebte. Und so konnte die Wahrheit Wurzeln schlagen, sodass infolgedessen Menschen ihr Verhalten änderten.

Es ist eine Tatsache: Ohne gesunde Beziehungen werden alle Versuche wirkungslos bleiben, Kindern Glaubensüberzeugungen, Werte und richtige Handlungen zu vermitteln, weil sie von den notwendigen Elementen der persönlichen Liebe und Fürsorge losgelöst sind. Gott selbst setzt seine persönliche Liebe und Fürsorge ein, um uns zu helfen, richtige moralische Entscheidungen zu treffen. Aus diesem Grund ruft Wahrheit ohne Beziehungen in den meisten Fällen Ablehnung hervor, und Zurechtweisungen oder Regeln ohne Beziehungen haben oft Zorn, Groll und Verbitterung zur Folge. Vermitteln Sie jedoch Wahrheit im Kontext von liebenden Beziehungen, erhalten Sie fast immer positive Ergebnisse. Warum wandelte König David gemäß Gottes Wahrheit? Weil er sich beständig der unversiegbaren Liebe Gottes bewusst war. Das ist Wahrheit im Kontext von liebenden Beziehungen.

Vorbild sein

Dass unsere Kinder die Wahrheit über das, was richtig und was falsch ist, im Kontext echter Beziehungen lernen, ist überlebenswichtig. Unsere jungen Leute brauchen auf jeden Fall Korrektur, wo sie falsch handeln, und müssen darin ermutigt und bestärkt werden, das Richtige zu tun (wie zum Beispiel Pornografie zu vermeiden, sexuellem Gruppenzwang standzuhalten, innerhalb der Grenzen von Reinheit und Treue zu bleiben und Liebe so zu leben, wie Gott sie definiert). Aber sie werden sehr viel empfänglicher für solche Unterweisung sein und viel mehr bestärkt werden, dementsprechend zu leben, wenn sie Ihre beständige Liebe spüren. Die Liebe nur zu *spüren*, reicht jedoch nicht – sie müssen die Liebe in Ihrem Leben *sehen* können.

Der Apostel Johannes schrieb: »Kinder, lasst uns nicht lieben mit Worten noch mit der Zunge, sondern in Tat und Wahrheit« (1. Johannes 3,18). Wenn unsere Kinder unsere Glaubensüberzeugungen annehmen, unsere Werte übernehmen und richtige moralische Entscheidungen treffen sollen, müssen sie beobachten können, wie wir die Wahrheiten in unserem eigenen Leben vor ihren Augen praktizieren.

Wenn wir als Ehepaar ungesunde Verhaltensweisen oder falsches Handeln bei unseren Kindern feststellten, haben wir diese natürlich korrigiert. Doch wir stellten fest, dass unsere Bemühungen wirkungslos blieben, wenn unsere Kinder nicht drei sehr wichtige Fragen mit »Ja« beantworten konnten. Ihre Antworten zeigten uns, ob wir für sie Vorbilder waren oder nicht. Wenn ich (Josh) also sah, dass meine Tochter Kelly etwas falsch machte, was unbedingt korrigiert werden musste, dann stellte ich ihr diese drei Fragen:

1. »Kelly, weißt du, dass ich dich liebe?«
2. »Weißt du, dass ich deine Mutter liebe?«
3. »Wenn du einmal verheiratet sein wirst, möchtest du es dann einmal so schön haben, wie ich es mit Mama und euch Kindern habe?«

Wenn meine Tochter alle drei Fragen mit »Ja« beantworten konnte, wusste ich, dass ich in der richtigen Position war, um sie anzuleiten. Ich konnte sagen: »Kelly, dein Verhalten kann verhindern, dass du dich in Zukunft so am Ehe- und Familienleben erfreuen kannst, wie es bei mir selbst der Fall ist.« Weil ich für meine Tochter ein glaubwürdiges Vorbild im Bereich Beziehungen war, war sie viel empfänglicher für meine Belehrungen. Wenn unsere Kinder jedoch in uns kein Vorbild sehen können, wird es ihnen schwerfallen, unseren Worten zu glauben.

Der Apostel Paulus schrieb: »Seid zusammen meine Nachahmer, Brüder, und seht hin auf die, die so wandeln, wie ihr uns zum Vorbild habt« (Philipper 3,17). Das griechische Wort, das hier mit »Vorbild« übersetzt wurde, ist *typos*, was so viel wie »Muster« oder »Modell« bedeutet, das nachgebildet oder reproduziert werden soll. Paulus sagte damit, dass sein Leben ein solches Modell zum Nacheifern – ein echtes Musterbeispiel – sei, dem die anderen folgen könnten.

Nein, wir sind nicht fehlerfrei. Es gibt nämlich nirgendwo fehlerfreie Eltern. Aber sogar in unseren Fehlern und Schwächen können wir ein Vorbild in Demut sein und Menschen werden, die andere um Vergebung bitten, wenn sie falsch gehandelt haben.

Ich (Dottie) kann mich daran erinnern, dass Josh und ich einmal in Hörweite unserer Kinder eine erhitzte Diskussion führten. Der Streit spitzte sich so sehr zu, dass Josh ganz wild wurde. Er schleuderte seine Mappe auf den Tisch und rief: »Ich hau ab!« Dann stürmte er aus der Tür und fuhr weg. Diese Szene bekam die ganze Familie mit.

Doch es dauerte nicht lange, bis Josh zurückkam. Er rief uns alle zusammen und bekannte vor den Kindern, wie falsch er sich verhalten hatte. Er sagte, es tue ihm leid, dass er uns verletzt habe, und bat mich um Vergebung. Dann wandte er sich zu den Kindern und sagte ihnen, wie ungehörig er gegen ihre Mutter gewesen sei. Und er bat auch sie um Entschuldigung.

Natürlich war Josh weit davon entfernt, ein gutes Vorbild zu sein, als er so explodierte. Aber er war trotzdem ein großartiges Vorbild für das, was man tun muss, wenn man versagt hat.

Ob Sie es glauben oder nicht, Ihre jungen Leute müssen Sie straucheln und danach demütig um Vergebung bitten sehen, genauso, wie sie in Ihnen ein Vorbild für richtiges Verhalten erkennen müssen. Paulus erklärt uns, dass er Menschen »durch Wort und Werk« zu Gott gebracht hat (Römer 15,18). Beides gehört dazu: unsere *Worte* der Wahrheit im Kontext von Beziehungen und unser *Lebenswandel* als Vorbild, wie es in 1. Johannes 3,18 heißt: »Lasst uns nicht lieben mit Worten noch mit der Zunge, sondern in Tat und Wahrheit.«

Die Vaterbindung

Die *John Hopkins Medical School* veranlasste eine Studie mit 1337 Medizinern, die an selbiger Hochschule ausgebildet worden waren. In dieser Studie wurde untersucht, wie sich die Familienbeziehungen der Kindheit auf den späteren körperlichen Zustand und die Krankheitsanfälligkeit im Erwachsenenalter auswirken. Dabei zeigte sich, dass psychische Störungen und Krebserkrankungen überdurchschnittlich häufig mit einer mangelnden Bindung an ein Elternteil, besonders an den Vater, einhergehen.[25]

Als ich diese Untersuchung las, war ich geschockt. Ich rief bei der *John Hopkins Medical School* an und erreichte diejenigen, die diese Studie ausgewertet hatten. Ich wollte herausfinden, warum die mangelnde Bindung zum Vater solch ein Schlüsselfaktor ist. Die Forscher brauchten nur drei Minuten, um mir zu erklären, warum das so ist. Sie sagten, dass jemand mit einer schlechten Vater-Beziehung im Leben häufiger Stress habe, und Stress sei einfach ein Hauptrisikofaktor für die oben genannten Schäden.

Diese und andere Studien waren wegweisende Entdeckungen der frühen und mittleren 80er-Jahre. Viele andere Untersuchungen haben inzwischen diese Ergebnisse bestätigt. Sie zeigen alle, wie eng Beziehungen mit unserer körperlichen und seelischen Gesundheit zusammenhängen. Im Februar 2012 berichtete die Zeitschrift *TIME*:

> *»Studien haben ergeben, dass Menschen, die sozial eng vernetzt sind, einen niedrigeren Blutdruck, einen niedrigeren Stresshormon-Spiegel und ein robusteres Immunsystem haben als Menschen, die einsam sind. Im Jahr 2010 haben Wissenschaftler der Brigham Young University Daten von mehr als 300 000 Menschen untersucht. Sie fanden heraus, dass bei schwachen sozialen Bindungen das Risiko, frühzeitig zu sterben, genauso hoch ist wie bei Rauchern und sogar höher als bei Fettleibigkeit.«*[26]

Kinder brauchen die liebende Beziehung zu ihrer Mama und zu ihrem Papa, um sowohl *körperlich* und *geistlich* als auch *emotional* gesund aufwachsen zu können. Eine intakte Bindung zu den Eltern hilft ihnen, moralisch ausgewogene Entscheidungen zu treffen. Besonders die Bindung zum Vater spielt hierbei eine wesentliche Rolle.

Maria Kefalas, eine Soziologin, die zu Ehe- und Familienthemen forscht, schrieb als Co-Autorin an einem wegweisenden Buch mit, das sich mit gering verdienenden Müttern befasst. Der Titel ihres Buches lautet auf Deutsch: *Versprechen, die ich halten kann: Warum arme Frauen Mutterschaft der Ehe vorziehen.* Kefalas berichtet: »Die Frauen beteuern mir immer wieder: ›Ich kann Mutter und Vater für mein Kind sein.‹ Aber das stimmt nicht. Mit einem Vater aufzuwachsen, hat tiefe psychologische Auswirkungen auf ein Kind. Die Mutter mag ohne den Mann auskommen, aber ihre Kinder brauchen ihn auf jeden Fall.«[27]

Die *Columbia University* führte eine umfangreiche Studie darüber durch, wie es sich auf den Umgang eines Teenagers mit Drogen, Alkohol und Gewalt auswirkt, ob er in einer klassischen Zweieltern-Familie oder nur mit einer alleinerziehenden Mutter aufwächst. Sie berichten, dass ein von einer alleinerziehenden Mutter aufgezogenes Kind zu 30 % häufiger dazu neigt, in Drogen, Alkohol und Gewalt verwickelt zu werden, als ein Kind, das zu Hause die Unterstützung *beider* Elternteile erfährt.[28] Die Beziehung zur Mutter, besonders aber zum Vater, machen den größten Unterschied im späteren Verhalten des Kindes aus.

Gott hat uns als Beziehungswesen erschaffen. Wir alle brauchen die beständige Liebe unserer Eltern und die bleibende Freundschaft anderer Menschen. Wenn diese Art von Bindung fehlt, leidet der Mensch Schaden. Dies gilt besonders für die fehlende Bindung zum Vater.

Wir möchten hier die Notwendigkeit einer engen Beziehung zwischen Vater und Kind ganz besonders hervorheben. Es ist nicht so, dass Männer weniger nach einer Verbindung zu ihren Kindern verlangen würden als die Mütter – meistens wissen sie nur intuitiv nicht so recht, wie sie das anfangen sollen. Deshalb haben wir diesem Thema ein ganzes Buch gewidmet. Es trägt den Titel *The Father Connection.* Wir möchten Vätern helfen, besser zu erkennen, wie sie zu ihren Söhnen und Töchtern eine enge Beziehung aufbauen können.

Doch die Tatsache, dass Kinder nach ihren Vätern verlangen, sollte nicht als Abwertung der mütterlichen Rolle verstanden werden. Untersuchungen und auch unsere eigenen Beobachtungen zeigen nämlich, dass die Mütter in vielen Fällen bereits das Richtige tun. Die meisten Kinder können sich auf die Fürsorge ihrer Mütter wirklich verlassen. Sie wissen, dass Mama immer für sie da sein, ihnen zuhören, sie verstehen und zu ihnen halten wird. Bei den Vätern sieht das anders aus. Im Allgemeinen empfinden Kinder nicht die gleiche beziehungsmäßige Sicherheit ihrem Vater gegenüber. Das hat negative Folgen. Die meisten Väter könnten in diesem Bereich viel von ihren Frauen lernen, wenn sie nur zuhören wollten.

Wenn Sie eine alleinerziehende Mutter sind, dann möchte ich Ihnen sagen: Sie machen einen weit besseren Job, als Sie ahnen! Sie können zwar Ihren Kindern nicht die Liebe eines Ehepaars demonstrieren, aber Sie können mit all Ihrer Gott gegebenen Liebe und Fürsorge für ihre Kinder da sein. Ihre Kinder wissen, dass Sie es schwer haben, und irgendwie spüren sie es, dass sie Tag für Tag mehr tun, als Sie eigentlich leisten können.

Folgenden Rat möchte ich Ihnen geben: Wenn der Vater Ihrer Kinder nicht mehr erreichbar oder als Vater nicht brauchbar ist, dann sehen Sie sich nach reifen, gottesfürchtigen Männern in Ihrer Gemeinde um, die die positive Rolle christlicher Männlichkeit für Ihre Kinder übernehmen können. Vielleicht ist ein anderer Vater bereit, Ihre Kinder zu Ausflügen mitzunehmen, oder gibt sich Mühe, sich mit ihnen anzufreunden und sich häufiger mit ihnen zu unterhalten. Eine Vaterfigur hat einen ungeheuren Einfluss auf das Leben Ihrer Kinder. In vaterlosen Familien ist es deshalb klug, einen Freund zu haben, der diese wichtige Rolle übernehmen kann.

Und für alle verheirateten Mütter: Sie entscheiden mehr als jeder andere Mensch darüber, wie Ihre Kinder ihren Vater sehen. Sie haben großen Einfluss, den Vater entweder in seiner Liebe zu seinen Kindern zu unterstützen oder diese so zu untergraben, dass er in den Augen seiner Kinder als unfähig dasteht. Ermutigen Sie Ihren Mann bei seinen Versuchen, ein guter Vater zu sein. Er hat das nötig. Unterstützen Sie ihn in den familiären Gesprächen. Er hat Sie nötiger, als er es wahrscheinlich annimmt. Seien Sie geduldig, seien Sie weise und hören Sie nicht auf, Ihren Mann anzuspornen, für seine Kinder da zu sein.

Wann haben Sie Ihr Kind das letzte Mal umarmt?

Wenn Ihr Kind ins Teenie-Alter kommt, sieht es vielleicht manchmal so aus, als wolle es keine körperliche oder gefühlsmäßige Zuneigung mehr von seinen Eltern. Aber vielleicht mehr als zu irgendeiner anderen Zeit in seinem Leben braucht der Teenager jetzt die Erfahrung der beständigen Liebe seiner Eltern.

Ein junges Mädchen schrieb einen Song über ihren abwesenden Vater, worin es davon sprach, seine alten Kleidungsstücke anzuziehen. Sie träumte von einem anderen Papa, einem, der sie nie verlassen, der sie immer festhalten würde.

Das junge Mädchen wurde erwachsen und brachte diesen Song unter dem Titel *Confessions of a broken heart* (»Bekenntnisse eines gebrochenen Herzens«) heraus. Sie spielte in Filmen mit, saß mehrmals im Gefängnis, kam in Entzugskliniken und hatte immer wieder Schwierigkeiten, »die Kurve zu kriegen«. Wenn man hinter das sprunghafte Verhalten der Schauspielerin, Songwriterin und Sängerin Lindsay Lohan schaut, dann sieht man einfach ein Mädchen auf der Suche nach der Liebe ihres Vaters.

Ein außerordentlich begabter, fünfjähriger Junge probte mit seinen vier Brüdern einen Song für eine geplante TV-Show. Der Vater dirigierte sie, aber sie erwischten ihre Einsätze nicht richtig. Der kleine Fünfjährige wollte eine Erklärung und begann zu fragen: »Papa«, fing er an. Aber sofort unterbrach ihn sein Vater und sagte scharf: »Hier bin ich nicht dein Vater – ich bin dein Manager, merk dir das ein für alle Mal!« Der kleine Michael merkte es sich für immer.

Einige Jahre vor seinem Tod sprach Michael Jackson vor rund achthundert Studenten der *Oxford University* und warb für sein neu gegründetes Kinderhilfswerk. Nach ungefähr fünfzehn Minuten begann er während seiner Präsentation beinahe hemmungslos zu weinen. Nach einigen Minuten konnte er wieder Haltung gewinnen und stammelte scheinbar zusammenhangslos: »Ich hätte so gern einen Vater gehabt. Ich wollte einen Vater, der mir Liebe zeigt. Aber ich habe ihn niemals sagen hören: ›Michael, ich hab dich lieb!‹«[29]

Mehr als nach Glück und Ruhm, mehr als nach der Anerkennung Gleichaltriger oder wovon Kinder sonst noch träumen mögen, sehnen sie sich nach jemandem, der mit beständiger Liebe für sie da ist. Nein, das heißt nicht, dass Sie alle Regeln lockern oder die Grenzen, die sie zum Schutz ihrer Kinder aufgestellt haben, erweitern sollten. Ihre Kinder brauchen diese Grenzen und Regeln, um sich sicher zu fühlen. Aber sie brauchen sie innerhalb einer *liebenden* Beziehung. Ihre Liebe zu ihnen wird der motivierende Faktor sein, dass sie moralisch richtige Entscheidungen treffen.

Wenn Sie diese Worte zu Ende gelesen haben, gehen Sie zu Ihrem Kind und überraschen Sie es mit einer Umarmung. Lassen Sie es dabei die Worte hören: »Ich hab dich lieb!« Nehmen Sie sich ernstlich vor, ihren Kindern täglich Ihre Liebe deutlich zu zeigen. Ihre Kinder müssen spüren, dass Sie mit beständiger Liebe für sie da sind. Ihre liebevolle Beziehung wird ihnen helfen, das Richtige zu glauben, die richtigen Werte anzuerkennen und richtig zu leben.

Ganz offensichtlich ist das leichter gesagt als getan. Wir als Eltern und Jugendleiter wissen, *dass* entscheidend ist, mit jedem unserer Kinder eine gute Beziehung aufzubauen. Aber zu wissen, *wie* man das macht, ist etwas ganz anderes. Darum möchten wir, anstatt nur festzustellen, wie nötig es ist, im Folgenden die Grundlagen für den Aufbau von Beziehungen darstellen. Vieles von dem, was wir im nächsten Kapitel schreiben, haben wir unserem Buch *How to Be a Hero to your Kids* entnommen. Inzwischen sind unsere Kinder erwachsen und haben ihre eigenen Familien gegründet. Deshalb haben wir sie gebeten, zu erzählen, wie die Beziehungsbausteine, die wir bei ihnen einzusetzen versuchten, ihnen geholfen haben. Lesen Sie also weiter!

Kapitel 5

Die sieben Bausteine einer guten Beziehung

»Na gut – garantieren Sie mir, dass, wenn ich die richtige Art von Beziehungen zu meinen Kindern aufbaue, sie dann das Richtige tun, die richtigen Entscheidungen fällen und ein Leben führen werden, auf das ich stolz sein kann!«

Wir wünschten, das könnten wir tun. Wir wünschten, Ihnen garantieren zu können: Wenn Sie den Ratschlägen für den Aufbau einer guten Beziehung zu Ihren Kindern folgen, werden Sie sie für immer vor Herzeleid und falschen Entscheidungen bewahren. Aber das können wir leider nicht.

Auch wenn Sie sich wirklich bemüht haben, kann es immer noch passieren, dass Ihre Kinder Sie und Ihre Werte ablehnen. Aber wir können Ihnen dieses sagen: Wenn Sie alles daran setzen, eine gesunde Beziehung zu Ihren Kindern aufzubauen und wenn Sie ihnen weise Informationen über Sexualität geben, stehen Ihre Chancen wesentlich besser. Wenn Sie die richtigen Schritte unternehmen, werden Ihre Kinder viel eher bewahrt durch das Gebiet der sexuellen Tretminen hindurchkommen, die der Feind für sie gelegt hat.

Im Folgenden finden Sie eine kurze Zusammenfassung dessen, was wir »Die sieben Bausteine einer guten Beziehung« genannt haben. Wenn Sie diese anwenden, werden Ihre Kinder aufnahmebereiter sein für das, was Sie ihnen zu sagen haben. Sie werden nämlich spüren, dass Sie sich wirklich Gedanken über sie machen.

1. Lassen Sie sich auf die Welt Ihrer Kinder ein

»Es funktioniert nicht, Josh«, klagte mir ein Vater. »Ich habe mir für meinen Sohn Zeit genommen und es ging voll daneben!«

»Was habt ihr denn zusammen gemacht?«, fragte ich.

»Na, ich spiele gern Golf«, sagte er, »darum habe ich ihn mit auf den Golfplatz genommen. Aber es wurde ein großer Reinfall.«

»Mag dein Sohn denn gerne Golf?«, fragte ich ihn.

»Nein, aber ich!«, antwortete er.

Dieser Vater brachte seinen Sohn in seine Welt des Golfspiels, in eine Welt, die dem Sohn nicht gefiel. Das führte zu einem unglücklichen Ergebnis. Warum? Weil der Sohn wusste: Papa interessiert sich einzig und allein für das, was Papa gern tut. Aber nur, wenn wir bereit sind, in die Welt unserer Kinder einzusteigen, signalisieren wir ihnen: »Es geht mir um *dich* und um das, was *dich* interessiert.«

»Ich bin Kelly, das älteste der McDowell-Kinder. Jetzt bin ich verheiratet und berufstätig und kann darauf zurückblicken, wie meine Eltern in meine Welt kamen. Ich erinnere mich, dass drei von uns Kindern Fußball spielten, jedes in einer anderen Mannschaft. Da gab es oft sechs Spiele pro Woche, doch meine Mama fuhr uns zu allen Spielen. Ich kann mir einfach nicht vorstellen, dass so etwas ein Vergnügen für eine Mutter sein kann. Doch jedes Mal, wenn es zu einem Spiel oder zum Training ging, sagte Mama fröhlich: ›Toll! Heute ist Fußball. Das wird euch wieder viel Spaß machen!‹ Das versicherte uns, dass sie um uns und unsere Interessen besorgt war.

Ich erinnere mich auch, dass ich eine Zeit lang Snowboarden gerne mochte. Mein Papa brachte meine Schwester und mich zu einem Wintersportort, damit wir unsere neuen Snowboards ausprobieren konnten. Wir glaubten, Papa würde nur zugucken wollen, weil er Wintersport nicht mochte. Aber während wir gerade wieder einmal mit dem Skilift unterwegs waren, sah ich doch tatsächlich Papa im Schlepplift! Mir fiel die Kinnlade runter. Papa war noch nie in seinem Leben Ski gefahren. Aber er wollte uns da oben überraschen und zusammen mit uns hinunterfahren. Das habe ich ihm nie vergessen. Zum Glück hat er sich nicht die Beine gebrochen. Für mich und meine Schwester sprach sein Verhalten Bände! Papa war in unsere Welt gekommen und das zeigte uns, dass wir ihm wirklich wichtig waren.«

Die Organisation *The National Campaign to Prevent Teen and Unplanned Pregnancy* gab Eltern diesen Rat: »Seien Sie hilfsbereit und interessieren Sie sich für das, was Ihre Kinder interessiert. Gehen Sie zu ihren Sportveranstaltungen, machen Sie sich schlau über ihre Hobbys. Nehmen Sie begeistert Anteil an ihren Unternehmungen, auch wenn sie noch so unbedeutend sind. Stellen Sie Fragen, die Ihr Interesse für sie zeigen, und erkundigen Sie sich danach, was Ihre Kinder treiben.«[30] Wenn Sie das beherzigen, werden Ihre Kinder in aller Regel auch Ihnen zuhören, von Ihnen lernen und Ihrem Beispiel folgen wollen.

2. Akzeptieren Sie Ihr Kind

Es kam mir vor wie ein Traum. Ich (Dottie) saß ganz still da, Rauch stieg aus der Motorhaube, verbogenes Metall rings um mich her. War ich verletzt? Ich, gerade sechzehn Jahre alt, hatte das Auto meines Vaters komplett zu Schrott gefahren.

Natürlich hatte ich Angst, meinem Vater zu gestehen, was ich gerade eben mit seinem schönen Auto angestellt hatte. Was würde er sagen? »Dorothy, wie kommst du dazu, so etwas zu machen?« Oder: »Hast du nicht auf den Verkehr geachtet?« Oder: »Wie schnell bist du denn gefahren?« Oder: »Wertes Fräulein, weißt du, was mich das kosten wird?« Aber mein Papa hat nichts dergleichen gesagt. Die ersten Worte aus seinem Mund waren: »O Dorothy, ich bin ja so froh, dass du nicht verletzt bist!« Immer wieder wiederholte Papa nur, wie froh er sei, dass mir nichts passiert war. Er hat mich nie ausgeschimpft oder über den Verlust des Autos gejammert. Das vergesse ich nie – mein Vater akzeptierte mich, obwohl ich eine unreife sechszehnjährige Fahrerin war.

Wenn wir unsere jungen Leute akzeptieren, weil sie zu uns gehören, geben wir ihnen ein Gefühl der Sicherheit. Akzeptanz bedeutet, Menschen so anzunehmen, wie sie sind, unabhängig von ihrer Leistung. Wenn Ihre Kinder sich bedingungslos angenommen fühlen, werden Sie viel leichter ihr Herz erreichen. Ihre Kinder werden Ihnen gegenüber offener und vertrauensvoller sein. Während meiner Kindheit fühlte ich mich akzeptiert, einfach, weil ich *ich* sein durfte. Ich wurde geliebt.

Der Apostel Paulus sagt uns: »Deshalb nehmt einander auf, wie auch der Christus euch aufgenommen hat …« (Römer 15,7). Wie nimmt Christus uns auf? Bedingungslos, so wie wir sind, mit allen unseren Schwächen. Natürlich will Gott, dass wir uns vom Falschen abwenden und richtige Entscheidungen treffen. Aber seine Liebe und die Tatsache, dass er uns annimmt, wird nicht durch unsere Fehlentscheidungen beeinflusst – denn wir sind seine Kinder. Verleiht uns dieses Wissen nicht ein ungeheures Maß an Sicherheit? Und macht das Bewusstsein, einen vergebungsbereiten himmlischen Vater zu haben, es uns nicht leichter, mit diesem Vater zu reden? Ihre Kinder werden Ihnen gegenüber genauso empfinden, wenn Sie ihnen deutlich zeigen, dass Sie sie bedingungslos akzeptieren – egal, was auch passieren mag. Einfach nur, weil sie Ihre Kinder sind.

3. Nehmen Sie sich Zeit für Ihr Kind

Haben Sie viel zu tun? Fühlen Sie sich zeitweise überfordert? Hat der Tag nicht genügend Stunden, um alles das zu tun, was getan werden muss? Wir alle scheinen heutzutage ein total schnelllebiges Leben zu führen.

Ich (Josh) kann gar nicht mehr sagen, wie oft ich meinem vollen Terminkalender erlaubt habe, die Zeit mit meinen Kindern hinauszuschieben. »Nicht jetzt, Sean, ich muss eine Ansprache vorbereiten. Wir reden später.« »Katie, ich habe eine Verabredung in der Stadt. Wir können erst miteinander sprechen, wenn sie erledigt ist.« »Heather, vielleicht später, jetzt muss ich den Koffer für das Flugzeug packen.« »Kelly, ich bin jetzt völlig erledigt, wie wäre es heute nach dem Essen?« Jedes Mal, wenn ich so etwas sagte, vermittelte ich meinen Kindern, dass sie weniger wichtig waren als das, was ich gerade vorhatte. Es bricht mir das Herz, wenn ich jetzt daran denke.

Kinder buchstabieren Liebe so: Z-E-I-T. Wenn wir für unsere Kinder verfügbar sind, geben wir ihnen das Gefühl, bedeutungsvoll zu sein. Sobald wir sie aber abschieben, sagen wir ihnen im Grunde genommen: »Ich liebe dich, aber andere Dinge sind mir wichtiger.«

Das Leben mit all seinen Anforderungen erlaubt es uns natürlich nicht, jederzeit alles stehen und liegen zu lassen und unseren Kindern immer die Aufmerksamkeit zukommen zu lassen, die sie gerade haben möchten. Aber wir müssen ihnen unbedingt zeigen, dass sie außerordentlich wichtig für uns sind. Ihnen unsere Zeit zu widmen, ist eine der besten Möglichkeiten, das zu tun.

»Ich bin Katie, das dritte der McDowell-Kinder. Mein Papa ist früher viel gereist und war deshalb oft nicht körperlich anwesend. Aber ich erinnere mich an viele Telefonate mit ihm. Ich erinnere mich, dass wir während der Schulpausen oder im Sommer zusammen spazieren gingen. Wenn er zu Hause war, hat er mich nach Möglichkeit immer abgeholt und nach Hause gefahren. Einmal holte er mich sogar mit einer Kutsche ab und lud mich zu einem Eis ein! Selbst wenn der Terminkalender randvoll ist, gibt es doch immer Möglichkeiten, unsere Kinder fühlen zu lassen, wie wichtig sie für uns sind. Mein Wunsch ist, genug Zeit für meine Familie zu haben.«

4. Nehmen Sie Ihr Kind ernst

»Ich bin Heather, das jüngste der McDowell-Kinder. Während der Highschool war ich oft ziemlich emotional. Meine Gefühle konnten innerhalb von zehn Minuten von ›glücklich‹ zu ›traurig‹ und wieder zurück auf ›glücklich‹ umschlagen! Selbst jetzt als Erwachsene bin ich noch immer recht gefühlsbetont. Aber meine Mama nahm mich immer ernst. Ich habe meine Gefühle bestimmt nicht immer auf die richtige Weise ausgedrückt, und manchmal habe ich mich auch ganz einfach falsch verhalten. Aber meine Mama verurteilte mich nicht – sie ging auf meine Empfindungen ein und nahm mich ernst. Das Ergebnis? Ich fühlte mich verstanden.«

Wir Eltern werden die Gefühle unserer Kinder nicht immer verstehen, aber wir können anerkennen, dass ihre Gefühle echt sind. Oft sind die Emotionen eines jungen Menschen einfach der Ausfluss seiner persönlichen Empfindungen und seiner inneren Welt. Gefühle repräsentieren eine Wirklichkeit. Wenn wir diese Wirklichkeit zu verstehen suchen, bauen wir eine Verständigungsbrücke. Wir bestätigen die Gefühle unserer jungen Leute und geben ihnen dadurch ein Gefühl der Authentizität. Indem wir ihre Freude oder Enttäuschung nachzuempfinden versuchen, erkennen sie unsere Fürsorge und unser Verständnis. Auf diese Weise identifizieren wir uns mit ihnen und zeigen, dass wir sie wirklich verstehen möchten.

5. Zeigen Sie Ihrem Kind Wertschätzung

Das erste Kind in einer Familie zu sein und alle Aufmerksamkeit der Großeltern allein genießen zu können, ist wirklich etwas Großartiges! Zumindest dachte unser Enkel so, der kleine Scottie James – bis seine kleine Schwester Shauna auf der Bildfläche erschien.

Weil wir nahe bei unserem Sohn Sean wohnen, war es mir (Dottie) vergönnt, meinen Enkel Scottie ziemlich häufig zu sehen. Als seine kleine Schwester geboren wurde, war ich doppelt froh, in der Nähe zu wohnen. Shauna war ein zierliches Neugeborenes, und der drei Jahre alte Scottie war mit seinen aggressiven Liebesbekundungen ein bisschen zu heftig. Doch anstatt mit ihm zu schimpfen, wenn er seine Schwester mit seinen Umarmungsattacken überfiel, schritt ich gewöhnlich ein und half ihm, nicht so ungestüm zu sein. Dann zeigte ich ihm, wie er der kleinen Shauna sanft die Hände und den Kopf streicheln konnte. Wenn er das vorsichtig genug machte, überschüttete ich ihn jedes Mal mit Lob. »Toll, Scottie«, pflegte ich zu sagen, »Oma ist so stolz darauf, wie sanft du mit deiner kleinen Schwester umgehst!« Dann leuchteten Scotties Augen sofort auf, er lächelte jedes Mal und nickte mit dem Köpfchen, als wollte er sagen: »Danke, Oma, das brauchte ich gerade!«

Während *Annahme* die *Grundlage* für eine sichere Beziehung ist, kann man *Wertschätzung* als ihren *Eckstein* betrachten. Wenn wir unseren Kindern gegenüber Wertschätzung ausdrücken, geben wir ihnen das Gefühl, bedeutsam zu sein, und damit das Gefühl, etwas Wertvolles getan oder gesagt zu haben. Junge Menschen zu akzeptieren, sagt ihnen, dass ihr *Dasein* Bedeutung hat. Ihnen gegenüber Wertschätzung auszudrücken, sagt ihnen, dass ihr *Tun* Bedeutung hat. Suchen Sie Gelegenheiten, Ihre Kinder dabei zu »ertappen«, dass sie etwas richtig machen, und zeigen Sie dann Ihre Wertschätzung. Je öfter wir unsere drei Töchter und unseren Sohn dabei »ertappten«, dass sie etwas richtig machten, und wir ihnen unsere Wertschätzung dafür zeigten, umso seltener passierte es, dass wir sie für falsches Verhalten zurechtweisen mussten.

6. Zeigen Sie Ihrem Kind Liebe

Was für ein Anfang war das doch! Neun volle Monate lang warm eingehüllt und völlig geborgen im Leib der Mutter. Niemals haben wir uns einem anderen Menschen näher gefühlt als in dieser Zeit. Und direkt nach der Geburt erlebten wir wahrscheinlich, wie die warmen Arme unserer Mutter uns umschlangen. Von diesem Augenblick an haben wir Menschen es nötig, Liebe gezeigt zu bekommen.

Liebe drückt sich in freundlichen Worten und angemessenen Berührungen aus. Wir alle sehnen uns danach. Wenn wir jungen Menschen Liebe zeigen, geben wir ihnen das Gefühl, liebenswert zu sein. Jeder Ausdruck von Fürsorge und Nähe bekräftigt die Beziehung auf emotionaler Ebene und hilft unseren Kindern zu begreifen, dass sie geliebt sind. Wir können unseren Kindern auf viele Arten sagen: »Ich liebe dich!« – durch eine Umarmung, ein Küsschen auf die Wange, indem wir den Arm um ihre Schultern legen und durch vieles mehr. Worte der Wertschätzung und liebevolle Berührungen lassen uns Nähe empfinden. Es gibt wohl nichts, was Widerstand eher beseitigt und uns hilft, uns unserem Nächsten mehr zu öffnen, als diese Art von Liebesbeweisen. Kein Wunder, dass die Schrift uns anweist: »Grüßt einander mit heiligem Kuss« (Römer 16,16).

7. Ziehen Sie Ihr Kind zur Verantwortung

»Ich bin Sean, der einzige Sohn in der Familie McDowell. Auch ich weiß es zu schätzen, wie Mama und Papa zu uns Kindern dauerhafte Beziehungen aufbauten, dadurch, dass sie uns akzeptierten, uns ernst nahmen, für uns da waren und uns ihre Liebe und Wertschätzung zeigten. Aber ich bin auch froh darüber, dass sie uns für unsere Handlungen zur Rechenschaft zogen.

Ich erinnere mich daran, dass ich mich einmal während meiner Grundschulzeit ungebührlich benahm. Es gab da einige Jungen in meiner Fußballmannschaft, die mich nicht leiden konn-

ten. Ich weiß nicht, warum. Aber sie behandelten mich oft wie Luft, und ich fühlte mich einsam.

Eines Tages schimpfte unsere Lehrerin, Mrs Carlson, mit diesen meinen nicht gerade allerbesten Freunden. Als sie sich anschließend umdrehte, um etwas an die Tafel zu schreiben, kam mir der plötzliche Einfall, vor der ganzen Klasse aufzustehen. Ich wollte durch diese Aktion auffallen und mich bei meinen Klassenkameraden beliebt machen. Und so zeigte ich Mrs Carlson einen Stinkefinger. Natürlich gefiel das allen sehr.

Gleich nach der Schule umringten mich alle Kinder einschließlich meiner beiden Mannschaftskameraden und behandelten mich wie einen Kinohelden. Das Problem war nur, dass meine Eltern von der Aktion erfuhren. Und sofort war Schluss mit meinem Kinohelden-Status!

Meine Eltern schimpften mich allerdings nicht aus. Sie ließen mich auch nicht ein- oder zweimal hungern und schickten mich auch nicht aufs Zimmer. Sie setzten sich mit mir hin und versuchten mir ganz ruhig klarzumachen, was ich getan hatte und warum. Sie brachten mich zur Einsicht, dass mein Verhalten gegenüber meiner Lehrerin respektlos gewesen war.

Meinen Fehler einzusehen, war nicht sehr schwer, wohl aber das, was sie mir zu tun auftrugen. Sie forderten, ich müsste mich vor der ganzen Klasse bei Mrs Carlson entschuldigen und danach auch bei meinen Mitschülern. Mein Vater sagte, dass er mitkommen würde, wenn ich das wollte. Aber ich sagte: ›Das schaffe ich auch allein!‹

Es war eine demütigende Erfahrung. Aber ich lernte dadurch, für meine Taten verantwortlich zu sein. Und es gab noch etwas Gutes obendrein: Meine Fußballkameraden hielten meine Entschuldigung für das Mutigste, was sie jemals gesehen hatten. Wir wurden danach Freunde.«

Um eine enge Beziehung zu unseren Kindern zu haben, müssen wir sie ernst nehmen, sie akzeptieren, für sie da sein und ihnen unsere Liebe und Wertschätzung zeigen. Außerdem müssen wir ihnen beibringen, wie sie ihrer Umwelt mit ernsthafter Entschlossenheit begegnen können. Und doch, wenn wir diese Bausteine für eine gute Beziehung nicht durch Einschränkungen und Grenzen im Gleichgewicht halten, werden unsere Kinder niemals lernen, verantwortlich zu handeln. Nur wenn wir unsere junge Leuten auf liebevolle Weise zur Rechenschaft ziehen, können sie Verantwortungsbewusstsein entwickeln.

Dieses Verantwortungsbewusstsein liefert die Leitlinien, innerhalb derer ein junger Mensch sicher und ohne Gefährdung handeln kann. Kinder brauchen die liebende Autorität ihrer Eltern und anderer sorgetragender Erwachsener, damit sie lernen, verantwortungsbewusste und richtige Entscheidungen zu treffen.

Beziehungen machen den Unterschied

In einem Vakuum kann man nicht lernen, richtige Entscheidungen zu treffen. Gott wollte, dass Kinder den Unterschied zwischen richtig und falsch und gut und böse innerhalb liebender Beziehungen lernen. Kinder einfach vor vorehelichem Sex zu warnen, reicht nicht aus. Je inniger Ihre Beziehung zu ihren Kindern ist, umso wirkungsvoller werden auch Ihre Warnungen sein. Der Rest dieses Buches enthält zahlreiche Tipps für Ihre Gespräche über das so wichtige Thema der Sexualität. Wir wollen Sie ermutigen, die Wahrheiten, die Ihnen wichtig sind, innerhalb einer liebevollen Beziehung weiterzugeben, so wie wir es in den »Sieben Bausteinen einer guten Beziehung« vorgestellt haben.

Teil 2

Tipps und Ratschläge für Ihre Gespräche

Kapitel 6

Wer oder was beeinflusst das Verhalten meines Kindes am meisten?

Unsere Kinder werden in den sozialen Medien ständig mit perversen und zerstörerischen Ansichten über Sexualität konfrontiert. Wie wir in Kapitel 1 feststellen mussten, sind sie nur einen Klick davon entfernt. Ihren Kindern wird eingeredet, alle täten das. Größtenteils wird in den modernen Medien Unmoral als Vergnügen ohne negative Folgen dargestellt. Und wenn man sieht, wie leicht sowohl die traditionellen als auch die modernen Medien für Ihre Kinder verfügbar sind, liegt es auf der Hand, anzunehmen, dass sie der Haupt-Einflussfaktor auf die Haltung und das Verhalten Ihrer Kinder sind.

Oder sind es vielleicht die Freunde Ihrer Kinder, die den größten Einfluss ausüben? Oder vielleicht der Gruppenzwang in ihrem Freundeskreis? Oder sind es Filmstars, Musiker, Sportler oder sonstige Prominente, die ihnen am meisten imponieren?

Es mag Sie erstaunen, aber eine landesweite Studie hat gezeigt, dass 45 % der Jugendlichen ihre *Eltern* als das wichtigste Vorbild betrachten. Diese Untersuchung zerstörte manche von Eltern und Gesellschaft gern geglaubte Klischees und zeigte, dass nur 32 % der Teenager auf ihre Freunde blicken und gerade einmal 15 % sich an Prominenten orientieren.[31] Tatsächlich zeigen Studien, dass bis zum 25. Lebensjahr eine liebende, enge Beziehung zum Vater den größten Einfluss auf das Verhalten hat.[32] Das mindert nicht die Bedeutung des Einflusses der Mütter, sondern zeigt einfach, wie stark der Einfluss der Väter auf die Kinder ist.

Dr. Jean-Yves Frappier, ein Forscher am *CHU Sainte-Justine Hospital Research Center*, das der Universität von Montreal angeschlossen ist, stellt fest: »Eltern scheinen ihre Rolle und den Einfluss, den sie auf ihre Kinder haben, zu unterschätzen.«[33]

Aber jetzt kommt die traurige Wirklichkeit: Studien zeigen, dass weniger als 15 % der Eltern mit ihren Kindern über Sexualität sprechen.[34] Und das, obwohl Teenager sagen, sie trauten ihren Eltern die zuverlässigsten und umfassendsten Informationen über Sexualität zu.[35] Obwohl also Kinder ihren Eltern mehr vertrauen als jedem sonst – wie etwa Lehrern, Pastoren oder Gleichaltrigen – zeigen Studien, dass sich die meisten Eltern ihrer Verantwortung entziehen. So seien für Amerikas Kinder stattdessen seit den 1940er-Jahren Freunde und Medien zur Hauptinformationsquelle über Sexualität geworden.[36]

Trotzdem erklärten Forscher der Universität von Florida, dass Teenager wirklich von ihren *Eltern* hören wollen, was sie zu Sexualität sagen – auch wenn wir das nicht meinen![37]

Die Sache ist also klar: Teenager hören auf ihre Eltern. Manchmal mag es nicht danach aussehen, aber Kinder beobachten und hören zu. Untersuchungen haben ergeben, dass Teenager als Hauptgrund dafür, dass sie sich sexuell enthalten, die Missbilligung ihrer Eltern angeben.[38] Wenn Sie das wissen, ist es doch ganz klar, dass Sie die erste und wichtigste Informationsquelle über Sexualität für Ihre Kinder sein sollten.

Das Elternhaus ist der Ort, wo unsere Kinder *als Erstes* etwas über Sexualität erfahren sollen. Die Bibel geht von dieser Annahme aus. »Höre, mein Sohn, die Unterweisung deines Vaters, und verlass nicht die Belehrung deiner Mutter!« (Sprüche 1,8). Ich meine, es ist klar, dass Gott von christlichen Eltern verlangt, die ersten Sexualerzieher ihrer Kinder zu sein.

Sie als Vater oder Mutter haben die wunderbare, von Gott gegebene Verantwortung, Ihre Kinder zu unterrichten. Ihre Kinder haben Sie dringend nötig. Haltungen, Meinungen, Werte und Belehrungen über Sexualität können zu dem Wichtigsten gehören, was Sie Ihren Kindern überhaupt mitgeben können.

Junge Leute sollten nicht durch *Medien*, sondern durch *Eltern* erzogen werden. Bevor ein Kind in den Medien irgendetwas über

Sexualität mitbekommt, sollte es bereits vorher darüber mit seinen Eltern gesprochen haben. Denken Sie daran: Egal, ob Sie mit Ihrem Kind über Sexualität reden oder nicht – andere tun es wahrscheinlich jetzt schon!

Kapitel 7

Von wem möchten Kinder etwas über Sexualität erfahren?

Vielleicht denken Sie, Sexualität sei ein Thema, über das Ihre Kinder lieber mit anderen Menschen reden würden als mit Ihnen. Aber das ist in der Regel nicht so. Auf der Homepage der *Kaiser Family Foundation* wird festgestellt:

> *»Medizinische Untersuchungen und öffentliche Gesundheitsdaten zeigen, dass, wenn kleine Kinder Informationen, Rat und Anweisungen brauchen, sie sich zunächst an ihre Eltern wenden. Erst, wenn sie in die Teenager-Jahre kommen, verlassen sie sich mehr auf Freunde, Medien und andere Außenstehende, um an Informationen zu kommen.«*[39]

Die Untersuchung der *National Campaign to Prevent Teen Pregnancy* kommt zu dem Schluss, dass Teenager gerne »mehr Anleitung und Informationen sowie Gespräche mit ihren Eltern und anderen Erwachsenen« über ihre ersten Liebesbeziehungen hätten.[40]

Die ermutigende Nachricht ist also, dass, wenn Sie als Vater oder Mutter schon früh eine liebende, warme Beziehung zu Ihren Kindern aufbauen, sie dann in ihren Teenager-Jahren eher auf Sie als auf ihre Freunde, die Medien und das Internet hören werden, wenn es um Sexualität geht. Das *Talk Institute* hat beobachtet, dass die meisten Jugendlichen ihre Eltern als Informationsquelle für Sexualität allen anderen vorziehen und dabei Vater und Mutter etwa gleich häufig als Ansprechpartner dienen.[41]

Eine amerikanische Studie zeigt, dass 67 % der Kinder ihren Müttern »die Note 1« geben würden. Sie sagten den Interviewern der *National Campaign to Prevent Teen Pregnancy* sogar, dass sie sich von ihren Eltern mehr Aufklärung wünschen.[42] Kürzlich berichtete die Sendung *ABC News*, dass Jugendliche ihre Eltern ganz oben auf die Liste derer setzen, die sie in Bezug auf ihr sexuelles Handeln und Verhalten beeinflusst haben.[43]

Also: Ihre Kinder ziehen Sie als Informationsquelle über Sexualität allen anderen vor. Gott hat Ihnen das Privileg und die Möglichkeit gegeben, das sexuelle Weltbild Ihrer Kinder zu gestalten.

Kapitel 8

Warum muss ich mit meinem Kind über Sexualität reden?

Früher oder später wird das Kind Einzelheiten über Sexualität erfahren. Es geht nicht darum, ob Ihr Kind sie erfährt oder nicht – es geht darum, in welchem *Kontext* es darüber belehrt wird. Sie haben die Möglichkeit, Ihrem Kind ein gesundes und richtiges Verständnis von Sexualität zu vermitteln. Andernfalls wird es höchstwahrscheinlich einer pervertierten Betrachtungsweise ausgesetzt. Das *Center for Effective Parenting* kam zu folgendem Schluss:

> *»Eltern, die das Thema Sexualität vor ihren Kindern vermeiden, tun ihnen einen schlechten Dienst. Solche Kinder können zu der Ansicht gelangen, Sexualität sei etwas Böses, das ihnen ihr Leben lang schaden kann. Solche Kinder werden ihre Informationen wahrscheinlich woanders suchen, und diese Informationen können unvollständig oder irreführend sein.«*[44]

Die Autoren Robert Crooks und Karla Baur führen aus, dass, wenn Eltern sich aktiv in die Sexualerziehung ihrer Kinder einmischen, sie diese vor vielen Fallgruben bewahren können, in die diejenigen Kinder und Heranwachsende stürzen, die sich für (Fehl-)Informationen über Sexualität an Gleichaltrige wenden.[45] Tatsächlich stehen Kinder, die das Gefühl haben, dass ihre Eltern mit ihnen ehrlich über Sexualität sprechen, in geringerer Gefahr, sich in hochriskantes Verhalten zu stürzen. Es läuft im Prinzip darauf hinaus: Entweder Ihre Kinder bekommen von Ihnen die *richtigen* Informationen über Sexualität oder sie bekommen mit hoher Wahrscheinlichkeit die *falschen* von anderen.

Aber auch wenn Sie mit Ihren Kindern nicht über Sexualität sprechen, bringen Sie ihnen trotzdem eine Menge darüber bei. Auch ohne direkte Worte Ihrerseits sprechen Ihre Körpersprache und Ihr Verhalten Bände. Ihre Beziehungen, die Art, wie Sie andere behandeln, Ihre Kommentare über die Freunde Ihrer Kinder, die Fernsehsendungen, die Sie anschauen, und das, was Sie am PC anklicken – alle diese Dinge belehren Ihre Kinder über Sexualität.

Die Jugendforscherin Maggi Ruth Boyer hat den Nagel auf den Kopf getroffen, wenn sie sagt:

> *»Sie kommunizieren mit Ihren Töchtern und Söhnen ununterbrochen über Beziehungen und Sexualität, einfach dadurch, wie Sie Ihr Leben führen – wie Sie andere behandeln, wertschätzen und berühren. Kommunikation findet auch ohne verbalen Austausch statt. Unterschätzen Sie nicht die Kraft Ihrer Gesichtsausdrücke und die Art, wie Sie Zuneigung äußern.«*[46]

Selbst wenn Sie nicht dauernd mit Ihren Kindern über Sexualität sprechen, werden sie Sie doch hören, denn Ihre Körpersprache und Ihr Verhalten sprechen lauter als Ihre gesprochene Sprache.

Ich (Josh) hatte kürzlich eine Unterhaltung mit Paul Roberts, der vierzig Jahre lang bei *Youth for Christ* in Toronto mitgearbeitet hat. Er sagte mir, dass die meisten jungen Leute viel mehr über Sexualität wissen, als ihre Eltern ahnen. Über Sex zu reden, ist Teil ihrer Welt und viel normaler als noch vor einer Generation. Paul berichtete, dass Kinder mit dem Thema viel unkomplizierter umgehen als ihre Eltern.

So sagen Eltern oft: »Es ist so schwierig, mit meinem Kind über Sexualität zu sprechen.« Dann antworte ich sofort: »Sie meinen, das sei schwierig? Glauben Sie mir, das ist nichts im Vergleich zu der Unterhaltung: ›Mama, ich bin schwanger‹, oder: ›Ich habe Aids.‹ Ich kann Ihnen sagen, das ist wirklich eine schwierige Unterhaltung!« Wenn Sie also diese schwierigen Unterhaltungen nicht führen, solange Ihre Kinder jünger sind, werden Sie womöglich später noch sehr viel anstrengendere Gespräche führen müssen.

Kapitel 9

Weckt das Reden darüber nicht erst recht die Lust daran?

Wir können Ihre Angst verstehen, dass das Reden über Sex zum Ausprobieren verleiten könnte. Aber sowohl die Forschung als auch unsere eigenen Erfahrungen zeigen das Gegenteil.

Neuere Studien belegen, dass Jugendliche, die gut informiert über Sexualität sind, keineswegs früher sexuell aktiv werden.[47] Das *Journal of Adolescence* bestätigt diese Annahme und geht sogar weiter: »Junge Leute, deren Eltern mit ihnen über richtiges und falsches sexuelles Verhalten gesprochen haben, neigen deutlich häufiger dazu, sich sexuell zu enthalten, als Jugendliche, deren Eltern das nicht getan haben.«[48]

Viele Eltern glauben, das Reden über Sexualität verleite zum Ausprobieren, doch wenn Sie notwendige Informationen zurückhalten, bis Sie meinen, Ihr Kind sei ›reif‹ genug dafür, erhöht sich die Wahrscheinlichkeit, dass das Kind *von sich aus* Nachforschungen anstellt, indem es zu anderen geht, die aber weniger Wissen haben und andere Werte vertreten als Sie, und dass es dann falsche Informationen für Tatsachen hält.

Nehmen Sie sich deshalb vor, schon früh ehrlich, liebevoll und offen mit Ihrem Kind über die wunderbare Gabe der Sexualität zu sprechen. Dadurch werden Sie es nicht zu sexueller Freizügigkeit ermuntern, sondern eher das Gegenteil bewirken.

Kapitel 10

Was ist das angemessene Alter, um über Sex zu sprechen?

Wann sollte man anfangen, mit seinem Kind über Sexualität zu sprechen? Vielleicht befürchten Sie, dass es »zu viel und zu früh« geschehen könnte. Doch Sie sollten vielmehr fürchten, dass es »zu wenig und zu spät« geschieht! Was ist das angemessene Alter, um mit seinem Kind über Sexualität zu sprechen?

Die Jugendmedizinerin Dr. Margaret Stager drückt es so aus:

> *»In unserer Gesellschaft überwiegen die negativen Folgen einer Vermeidung dieser Gespräche die Folgen von zu viel und zu früher Information bei Weitem.«*[49]

Wie wir hier erfahren, besteht das Problem beinahe niemals in dem »zu viel und zu früh«, als vielmehr in dem »zu wenig und zu spät«. Eine Eltern-Kind-Studie kam zu dem Ergebnis, dass mehr als 40 % der Jugendlichen bereits Geschlechtsverkehr hatten, bevor sie mit ihren Eltern über Verhütung gesprochen haben.[50]

In der heutigen Kultur entdecken unsere Kinder Sexualität immer früher. Sie als Eltern sollten den Wunsch haben, die Ersten zu sein, die die Kinder in diese Thematik einführen. Zwar müssen Sie Ihrem Kind die Sexualerziehung nicht aufdrängen. Aber es gibt keinen anderen Weg zu erfahren, wie viel Ihr Kind bereits über Sexualität weiß, als einfach mit ihm darüber zu sprechen.

Die Sexualerziehung kann schon bei der Geburt beginnen. Dabei sollten die Kinder die richtigen Worte für die Genitalien zusammen mit denen anderer Körperteile lernen. Das wird auch später Diskussionen zu diesem Thema erleichtern. Sie brauchen nicht mehr Einzelheiten zu erläutern, als das Kind erfragt. Sie werden schon merken, wenn mehr Informationen nötig sind, weil das Kind diese wahrscheinlich bei einem ungezwungenen Umgang mit dem Thema erfragen wird.

Unwissen ist gefährlich und kann sich sehr zerstörerisch auswirken. Doch *Wissen* gepaart mit einer liebenden Beziehung zu den eigenen Eltern ist der alles entscheidende Faktor, der Ihr Kind dahin bringt, Gottes Plan mit der Sexualität zu entdecken.

Eine einfache Faustregel lautet: Wenn Sie mit Ihren Kindern über Sexualität sprechen, wenn sie noch sehr jung sind, werden sie es auch einfach finden, mit Ihnen darüber zu reden, wenn sie älter sind.

Das Gegenteil ist ebenfalls wahr. Die Erzieherin und Rednerin Sue Simonson drückt es so aus: »Wenn wir die Fragen unserer Kinder nicht beantworten, wenn sie zwei oder drei Jahre alt sind, werden sie diese auch nicht stellen, wenn sie zwölf oder dreizehn Jahre alt sind.«[51] Wenn Sie warten, mit Ihren Kindern über Sexualität zu reden, bis sie Teenager sind, werden sie sich ohne Zweifel unwohl dabei fühlen!

Joyce Kilmer, eine Elternberaterin aus Washington, empfiehlt, »wirklich ganz früh mit den Kindern zu sprechen, wenn sie noch zu klein sind, um verlegen zu sein … Das ist auch weniger peinlich für Sie. Kinder sind sehr sachlich im Alter von vier, fünf oder sechs Jahren. Wenn sie aber schon einige Jahre auf dem Schulhof zugebracht und eine Menge Kicherei gehört haben, ist es zu spät«.[52]

Wenn Sie das Thema Sexualität dem Reifegrad Ihrer Kinder entsprechend mutig angehen, werden Sie in ihren Augen zum Experten. In den folgenden Jahren werden sie Ihnen weiter vertrauen und zuhören. Sie werden niemals der *einzige* Sexualerzieher im Leben Ihrer Kinder sein, aber Sie können der *erste* und *wichtigste* sein!

Unsere Tochter Katie, die Kinder im Vorschulalter hat, bestätigt aufgrund eigener Erfahrung: »Je eher man darüber offen und einfach spricht, umso leichter wird es, wenn die Kinder später wichtige Fragen haben.«

Heather, unser Nesthäkchen und jetzt 26 Jahre alt, bemerkt dazu: »Ich kann mich nicht mehr genau daran erinnern, wann meine Eltern das erste Mal mit mir über Sexualität gesprochen haben. Im Gegensatz zu anderen Eltern, die sich hinsetzen und einem alles auf einmal über dieses Thema in Form eines unangenehmen Vortrags erzählen, war das bei uns eher ein normales Tischgesprächsthema, auch schon, als ich noch sehr klein war.«

Reifegemäß statt altersgemäß

Jüngere Geschwister benötigen klarere Antworten und mit ihnen muss früher gesprochen werden als mit älteren Geschwistern. Warum? Weil sie durch ihre älteren Geschwister und deren Freunde schon viel früher von diesem Thema mitbekommen. Außerdem hören sie, wenn die Eltern mit den älteren Geschwistern über Sexualität sprechen. Die Wahl des richtigen Zeitpunktes hängt also mehr von dem ab, was die Kinder schon erfahren haben, als von ihrem spezifischen Alter.

Als Eltern müssen Sie dabei Ihren Instinkten folgen. Sie kennen Ihr Kind besser als jeder andere. Ich (Josh) habe gemerkt, dass ich sorgsam auf Dottie hören musste, um weise mit meinen Kindern reden zu können. Wir pflegten uns über den Reifegrad jedes unserer Kinder auszutauschen. Wir redeten darüber, was sie zu wissen nötig hatten und wann es an der Zeit dafür war. Dottie half mir, offen, ehrlich und einfühlsam zu sein. Es gibt kein festgesetztes Alter, in dem Sie bestimmte Dinge mit Ihren Kindern besprechen müssen. Der Schlüssel ist, beständig die sich ergebenden Möglichkeiten zu nutzen.

Reden Sie über Sexualität nur so, wie Sie sich dabei wohlfühlen. Jedes Kind ist anders. Denken Sie daran, dass Kinder nicht alles auf einmal wissen müssen. Zuverlässige Information muss über einen gewissen Zeitraum entfaltet werden. Jede kurze Unterhaltung legt die Grundlage für die nächste. Mit jeder Unterhaltung führen Sie das Kind einen Schritt weiter zu einem rechten Verständnis seiner Sexualität.

Hier zwei Dinge, die Sie nicht vergessen sollten:

1. Nur wenige Leute überladen ein Kind »zu viel und zu früh«. Vielmehr liegt das Problem vor allem in dem »zu wenig und zu spät«.
2. Man muss offener sein und ehrlichere Antworten geben, als die meisten Eltern glauben. So nimmt zum Beispiel ein Dreijähriger alles wörtlich und mag auf die Formulierung »Ein Baby wächst in Mamas Bauch« fragen: »Warum hat Mama das Baby gegessen?« Das Kind kann sich nichts anderes vorstellen, als dass das Baby zusammen mit den Nahrungsmitteln in Mamas Bauch liegt. An dieser Stelle braucht das Kind eine einfache, glaubwürdige Erwiderung.

Today's Parent gibt eine ausgezeichnete und realistische Zusammenfassung dessen, wie Kinder denken:

Kinder von zwei bis fünf Jahren:

- *Machen Sie sich klar, dass Kinder in diesem Alter neugierig auf ihren Körper sind und sich wundern, woher die Babys kommen.*
- *Denken Sie daran, dass Kinder in diesem Alter kurze Antworten brauchen. Zu viele Informationen verwirren nur, weil sie noch nicht verstanden werden.*
- *Benutzen Sie immer die richtigen Bezeichnungen für die Körperteile.*
- *Nehmen Sie die Fragen Ihrer Kinder ernst.*
- *Fragen Sie immer nach, ob sie noch weitere Fragen haben.*

Kinder von sechs bis acht Jahren:

- *Mit Kindern dieses Alters können Eltern die Dinge ganz kurz beschreiben: »Wenn zwei Erwachsene verheiratet sind, sich lieben und gegenseitig vertrauen, finden sie es schön, sich zu umarmen und zu küssen. Dann gefällt es dem Ehemann, seinen Penis in die*

Vagina seiner Frau zu stecken.« Die Antwort darauf mag »Igitt!« sein und das Kind mag weglaufen, aber das ist im Augenblick okay. Lassen Sie es gehen.

- *Es ist wichtig zu fragen, ob es noch mehr wissen will.*[53]

Passen Sie sich in Ihren Gesprächen an das Alter und die Entwicklung des Kindes an. Kleine Kinder brauchen nicht alle Einzelheit des Geschlechtsverkehrs zu kennen. Nicht-Verstandenes wird schon von ganz alleine in späteren Gesprächen wieder auftauchen.

Bleiben Sie entspannt. Ihre Körpersprache spricht Bände. Ihr Kind spürt instinktiv, ob Sie entspannt sind und sich wohlfühlen. Wenn dem so ist, wird es immer wieder zu Ihnen zurückkommen.

Bedenken Sie: Egal, wie alt Ihr Kind ist, es ist niemals zu spät, um mit ihm über Gottes wunderbare Gabe der Sexualität zu sprechen. Wenn Sie damit aber in jungen Jahren anfangen, werden Sie eine vertrauensvolle Beziehung aufbauen, die sich später ganz sicher auszahlen wird.

Kapitel 11

Fange ich mit einem ausführlichen »Aufklärungsgespräch« an?

Sie tippte mir auf die Schulter: »Mr McDowell, herzlichen Dank für das, was Sie gesagt haben. Niemals zuvor habe ich etwas dergleichen gehört.«

Ich hatte gerade ein Seminar zum Thema »Nackte Fakten über Sex« gehalten, und diese Mutter wollte mir mitteilen, dass sie die Botschaft jetzt umsetzen wollte. Sie fuhr fort: »Ich muss meinen Mann dazu bringen, mit unserem Sohn ein umfassendes Gespräch zu führen.«

Ohne alarmiert zu erscheinen, fragte ich: »Wie alt ist denn Ihr Sohn?« Sie antwortete: »Dreizehn.« Ich musste mein Verwundern und Erschrecken unter Kontrolle bringen. »Und Sie haben mit Ihrem Sohn noch nie ein Gespräch über Sexualthemen geführt?« Sie antwortete: »O nein, wir hatten bisher noch nicht die Möglichkeit dazu.«

Dieses »umfassende Gespräch« ist ein Relikt der Vergangenheit, und es hätte nie eine so wichtige Rolle bekommen sollen! Das *Journal of Family Issues* berichtet, dass nur die Hälfte aller Jugendlichen meinen, sie hätten in den vergangenen Jahren ein »gutes Gespräch« über Sexualität mit ihren Müttern geführt – und mit den Vätern war es nur ein Drittel.[54]

Sexualthemen behandelt man nicht in einem »umfassenden Gespräch«. Vielmehr ist Aufklärung ein längerer Prozess, wobei man die Informationen jeweils in vielen kleinen Häppchen weitergibt. Behandeln Sie diese Themen, so wie sich die Gelegenheiten dafür ergeben. Die meisten kleinen Kinder können nicht mehr aufnehmen, als man in einer kurzen Unterhaltung weitergeben kann. Sie würden das »umfassende Gespräch« sehr schnell wieder vergessen.

Die beste Sexualerziehung passiert in dreißig Sekunden hier und zehn Sekunden dort, in zwei Minuten hier und 45 Sekunden dort und so weiter, wobei man so früh wie möglich anfangen sollte. Gehen Sie auf die Fragen Ihres Kindes ein und hören Sie dann auf. Machen Sie keine große Sache daraus. In unserer Familie dauerte die Hälfte aller Gespräche über Sexualität nicht länger als zwei Minuten.

Bei den meisten Kindern kommt das Thema Sexualität stufenweise. Nur selten wollen sie alles auf einmal wissen. Kinder öffnen sich als Ergebnis eines fortlaufenden Dialogs, während sie reifer und älter werden. Aber seien Sie vorbereitet. Denn wenn Kinder etwas wissen wollen, kann das manchmal zu den unpassendsten Zeiten und Gelegenheiten sein!

Unser Sohn Sean sagte einmal: »Ich kann mich beim besten Willen nicht an das erste Mal erinnern, an dem meine Eltern mit mir über Sexualität gesprochen haben. Ich glaube, das kommt daher, weil das Thema in meiner Familie ganz natürlich zum Leben dazugehörte. Es ist zwar nicht so, dass wir dauernd darüber gesprochen hätten. Aber wenn das Gespräch darauf kam – bei Tisch, im Auto oder vor dem Schlafengehen – war es einfach ein normales Gespräch wie jedes andere. Es gab keinen bestimmten Zeitpunkt für ein ›umfassendes Gespräch‹.«

Deb Koster von *FamilyFire.com* fasst eine gesunde Herangehensweise so zusammen:

»In unserer Familie haben wir versucht, diese Unterhaltungen mit unseren Kindern in schlichter und entspannter Weise zu führen, als sie noch jung waren. Somit hat der Druck, ein »umfassendes Gespräch« führen zu müssen, niemals die Chance gehabt, sich aufzubauen. Auf diese Weise schufen wir ein Umfeld, in dem unsere Kinder sich mit ihren Fragen wohlfühlten, und wir durften ihre Informationsquelle sein.«[55]

Die Bibel zeigt uns den effektivsten Weg, Kindern Wahrheiten beizubringen: »Und du sollst sie deinen Kindern einschärfen und davon reden, wenn du in deinem Haus sitzt und wenn du auf dem Weg gehst und wenn du dich niederlegst und wenn du aufstehst« (5. Mose 6,7). Selbst die *National Parent-Teacher Association* ermutigt zu diesem biblischen Modell: »Weil die meisten kleinen Kinder nur wenige Informationen auf einmal aufnehmen können, werden sie nicht alles, was sie über gewisse Themen wissen müssen, durch ein einziges Gespräch lernen können.«[56]

Eine Veröffentlichung der *Johns Hopkins Bloomberg School of Public Health* mit dem Titel *A Guide to Healthy Adolescent Development* bietet folgende Leitlinien an:

1. *Bleiben Sie im andauernden Gespräch mit Ihren Kindern.*
2. *Informieren Sie kleine Kinder langsam und in kleinen Portionen.*
3. *Versuchen Sie nicht, alle Aspekte einer Frage abzudecken. So genügt zum Beispiel auf die Frage »Mama, wie kommen die Babys da raus?« eine kurze, einfache (aber ehrliche) und richtige Antwort wie etwa: »Sie kommen durch eine Öffnung in Mamas Bauch, die Vagina heißt.«*
4. *Wenn die Kinder älter werden, können sie mehr Einzelheiten und mehr Offenheit verkraften.*
5. *In der Öffentlichkeit gestellte Fragen erfordern eine ruhige und für die Öffentlichkeit passende Antwort. Ein Beispiel: In einem gut besuchten Café genießen Sie mit Ihrer achtjährigen Tochter ein Eis. Plötzlich fragt sie ganz laut: »Mama, was ist Oralsex?« Dann sitzen Sie da und fragen sich, was röter ist, Ihr Gesicht oder das Himbeereis in Ihrer Hand.*[57]

In einer Situation wie der letztgenannten sollten Sie nicht sagen: »Halt den Mund und iss dein Eis!« Versuchen Sie vor allem, nicht in Panik zu geraten oder zu überrascht zu reagieren. Drücken Sie sich aber auch nicht vor einer Antwort. Antworten Sie direkt, oder sagen Sie ganz ruhig: »Schätzchen, ich werde dir die Frage zu Hause beantworten, wenn wir mit dem Essen fertig sind.« Das Versprechen muss aber auch eingehalten werden!

Ich (Dottie) sage jungen Müttern einschließlich meiner eigenen Töchter oft: »Euch würde niemals der Gedanke kommen, auf ein ›umfassenden Gespräch‹ zu warten, bei dem Ihr Euren Kindern alles über den Glauben sagt. Vielmehr bemüht Ihr Euch doch, so oft wie möglich mit ihnen über die Bibel und Gott sprechen. Mit der Sexualität ist es ähnlich. Wir sollten nicht meinen, ein ›umfassendes Gespräch‹ könnte alle Fragen unserer Kinder zu diesem Thema beantworten. Sexualität ist eine Sache, die früh besprochen werden muss, dazu häufig und mit großer Geduld, Weisheit und liebevoller Zuwendung – und manchmal auch mit einem Schuss Humor.«

Entspannen Sie sich, und vergessen Sie eins nicht: Die Schlüsselworte heißen *früh*, *häufig* und *aufrichtig*.

Kapitel 12

Was passiert, wenn ich mit meinen Kindern nicht über Sexualität spreche?

Die Antwort ist einfach: Wenn Sie mit Ihren Kindern nicht über Sexualität sprechen, werden es andere tun und somit Einfluss auf das Sexualverständnis Ihrer Kinder nehmen. Und wenn Sie ihnen nicht die richtigen Informationen geben, werden Ihre Kinder höchstwahrscheinlich fehlinformiert werden. Diese Fehlinformationen können tragisches Unglück auslösen.

Der Autor und Pastor Jack Wellmann erzählt uns seine Geschichte:

»Ich habe meinen Vater nie gekannt und lebte lange Zeit bei meiner Tante. Dort hat niemand jemals mit mir über Sexualität gesprochen. So erfuhr ich davon durch meine Freunde, auf dem Schulhof oder auf der Straße.

Es scheint mir, dass alles, was ich da lernte, auch noch falsch war. So erinnere ich mich, dass man mir in der ersten Klasse erzählte, dass ein Mädchen ein Baby bekäme, wenn ich sie küssen würde. Da brauche ich nicht zu sagen, dass ich lange Zeit Angst hatte, mit einem Mädchen in Berührung zu kommen, ganz zu schweigen davon, eines zu küssen. Wenn meine Tante mir einen Kuss geben wollte, bekam ich einen großen Schreck, weil ich so fehlinformiert war.

Wenn Sie also nicht mit Ihren Kindern über Sexualität reden, dann werden sie darüber doch auf die eine oder andere Weise informiert werden. Wahrscheinlich werden sie aber etwas Falsches lernen. Es sollte keine Frage geben, die Ihre Kinder Ihnen aus Angst oder Verlegenheit nicht stellen möchten. Diese Art

Sicherheitszone baut Vertrauen auf und bereitet ein Umfeld vor, in dem die Kinder mit allem zu Ihnen kommen. Das ist die denkbar beste Situation, besonders, wenn es um das Thema Sexualität geht.«[58]

Sie als Eltern haben die Möglichkeit, Sexualität in den Kontext einer liebenden Familie zu stellen und damit all die Fehlinformation und Verwirrung zu vermeiden, die Jack durchmachte. Nicht über dieses Thema zu sprechen, bedeutet, dass die jungen Leute aus anderen Quellen lernen werden. Und wenn diese Quelle das Internet ist, dann bekommen die Kinder über fünf Millionen Porno-Websites angeboten (vgl. Kapitel 1)!

Schon im ersten Kapitel dieses Buches erwähnten wir, dass ein Kind eine pervertierte Form von Sexualität kennenlernt, wenn seine Aufklärung durch Pornoseiten geschieht. Es bekommt eine verdrehte Sicht von Moral. Darüber hinaus besteht die große Gefahr, dass das Kind pornosüchtig wird.

Tragischerweise verneinen manche Eltern das und glauben nicht, dass Pornografie wirklich so gefährlich und leicht erreichbar sei. Sie fragen: »Was kann Pornografie schon schaden?« Neulich schrieb mir (Josh) ein Christ als Antwort auf diese Warnungen Folgendes: »Was macht es schon, was unsere Kinder anschauen? … Unser Evangelium des Christus ist unbezwingbar … Warum fürchten Sie das Internet?«

Viele Studien haben die bösartigen Effekte der Pornografie belegt. Im Jahr 2005 bestätigte Dr. Jill Manning, die Autorin von *What's the Big Deal About Pornografie?*, vor einem Unterausschuss des US-Senats die Gefährlichkeit der Pornografie. Einige der zahlreichen negativen Auswirkungen auf Kinder und Jugendliche sind:

- bleibende negative oder traumatische emotionale Reaktionen
- früherer Zeitpunkt der ersten sexuellen Erfahrungen
- höheres Risiko für die Entwicklung von Suchtverhalten und sexuellen Zwängen

- höheres Risiko für die Entwicklung einer falschen und »aus dem Kontext gerissenen« Sichtweise auf Sexualität
- Betrachtung anderer Menschen als reine Objekte, die zur Befriedigung der eigenen selbstsüchtigen Sexualität dienen[59]

Zugegeben, alle diese negativen Effekte werden nicht durch das *gelegentliche* Ansehen von pornografischen Bildern hervorgerufen. Aber die von den Kindern erreichbare riesige Menge sexuell perversen Materials ist eine reale Gefahr. Allein das völlige Überangebot wird die jungen Menschen mit der Zeit desensibilisieren. Anstatt eine richtige, biblische Anschauung von Sexualmoral zu bekommen, werden junge Leute immer mehr zu der Ansicht neigen, jeder könne in sexueller Hinsicht tun, was er wolle. Das ist nämlich der Eindruck, den das Internet erweckt.

Wir werden unsere Kinder nicht vor allen Falschinformationen und allen pervertierten Ansichten über Sexualität bewahren können. Aber wenn wir diejenigen sind, die sie *als Erste* mit Gottes Plan für Sexualität erreichen, wird sie das lange begleiten und hoffentlich vor Pornografie, pervertierter Moral und Fehlinformation schützen.

Kapitel 13

Wie verhalte ich mich, wenn mein Kind zu neugierig ist?

Kinder sind von Natur aus neugierig – einige mehr, andere weniger. Tatsächlich ist an der Sexualität etwas Faszinierendes, Geheimnisvolles und Fesselndes. Das Problem ist also nicht, dass unsere Kinder zu neugierig sind. Das Problem tritt erst auf, wenn ihre Neugier nicht befriedigt wird.

Es ist völlig normal und natürlich, wenn unsere Kinder sich über Sexualität wundern und Antworten auf ihre Fragen fordern. Wenn wir nicht auf ihre Neugier eingehen, lauert echte Gefahr! Denken Sie daran: Ihre Kinder werden sonst die Antworten an anderer Stelle erhalten.

Neuere Studien haben gezeigt, dass Kinder vor dem zehnten Lebensjahr gewöhnlich nicht sexuell aktiv oder von sexuellen Gedanken in Beschlag genommen sind. »Aber sie sind neugierig und können anfangen, von Freunden, Klassenkameraden und Familienmitgliedern Informationen über Sexualität zu sammeln und sich dadurch irgendetwas darüber auszumalen.«[60]

Wie die Neugier des Kindes vom vierten bis zum zwölften Lebensjahr befriedigt wurde, bestimmt das Sexualverhalten vom zwölften bis zum 18. Lebensjahr. Dr. Clea McNeely und Dr. Jayne Blanchard von der *Johns Hopkins Bloomberg School of Public Health* erklären:

> *»Bei Weitem das Beste ist, wenn die Neugier eines Kindes von seinen Eltern befriedigt wird. Die Neugier in diesem Alter ist entscheidend, denn das Sexualverhalten in den Teenagerjahren wird oft von den Antworten geprägt, die die Kinder auf ihre*

neugierigen Fragen im Alter von sechs bis zehn Jahren erhalten haben.«[61]

Welch ein Privileg und welch eine Möglichkeit bedeutet es, dass wir das Leben und das künftige Verhalten unserer Kinder formen können! Ehrliche Antworten sind der beste Ratgeber. Die allgemeine Regel im McDowell-Haushalt war, kurze, einfache und richtige Antworten zu geben – eben ausreichend, um die Neugier zu befriedigen. Hier ein Beispiel: »Ein Mädchen hat eine Vulva und eine Vagina, und ein Junge hat einen Penis und Hoden.« Sie benötigen keine lange, ausführliche Antwort. Alles, was mehr als eine kurze Antwort ist, wird das Kind nur langweilen.

Als unsere Kinder noch klein waren, wollten sie oft etwas über ihre Geschlechtsorgane wissen. Wenn ich (Dottie) sie badete, bezeichnete ich gewöhnlich ihre Körperteile mit den richtigen Bezeichnungen. Dabei war mir wichtig, über die intimen Teile genauso ruhig und selbstverständlich zu sprechen wie über ihre Finger, Zehen und Fußknöchel. Ich wollte bewusst mit meinen Kindern in einer natürlichen Atmosphäre über ihren Körper sprechen. Diese Ehrlichkeit von Anfang an bildete die Voraussetzung, später entspannt darüber reden zu können.

Vorschüler sind schon mit vagen Informationen zufrieden, wie etwa: »Babys wachsen im Bauch ihrer Mama.« Doch später tauchen detailliertere Fragen auf, und sie sind neugierig zu erfahren, wie die Babys in Mamas Bauch kommen. Sie stellen Fragen wie: »Zieht Papa bei Mamas Bauch den Reißverschluss auf?« Oder: »Kommt das Baby aus Mamas Popo?« Das Kind will auf diese Fragen schlichte, ehrliche Antworten bekommen.

Die Erziehungsberaterin Margaret Renkl rät zu der Erklärung: »Die meisten Babys kommen durch Mamas Vagina heraus.« Wenn Ihr Kind eine weitere Frage stellt, könnten Sie antworten: »Die Vagina ist wie ein Tunnel innerhalb von Mama. Sie kann sehr breit werden, sodass das Baby herauskommen kann.«[62]

Egal, wie alt Ihr Kind ist, es hat ein Recht auf ehrliche Antworten. Diese Antworten müssen seinem Reifegrad angemessen sein. Nur weil ein Zehnjähriger oder ein noch jüngeres Kind Sie fragt, wie ein Mädchen schwanger wird, wofür Kondome sind und was Oralsex ist, bedeutet das nicht, das Kind wolle jetzt schon sexuell aktiv werden. Am besten beantwortet man diese Fragen, ohne in seiner Neugier Gefahren zu sehen. Die Gefahr liegt eher darin, die kindliche Neugier nicht mit ehrlichen Antworten zu befriedigen.

Kapitel 14

Sollte ich Spitznamen für die Sexualorgane benutzen?

Ihr Gesicht war rot, und ihre Stimme drückte alles andere als Ruhe aus. »Ich finde es absolut ekelhaft, dass Sie Ihrem Sohn erzählt haben: ›Das ist dein Penis.‹ Ich habe meinem Sohn gesagt, das sei sein ›Pillermann‹.«

Diese Pastorenfrau stellte mich (Josh) während einer Pause bei einem meiner Seminare über »Nackte Fakten über Sex« zur Rede. Ich erklärte ihr ruhig: »Ein Ohr heißt Ohr und eine Nase heißt Nase, ein Auge heißt Auge, eine Vagina heißt Vagina und ein Penis heißt Penis.« Ich hielt es nicht für meine Aufgabe, Körperteile umzubenennen. Offensichtlich aber war diese Dame nicht mit mir einverstanden.

Wenn Kinder ein gewisses Alter erreicht haben, stellen sie Fragen. Wenn Sie mit ihnen reden und ihre Fragen beantworten, seien Sie ehrlich und antworten Sie mit den anatomisch richtigen Namen.

Wir haben immer Wert darauf gelegt, von den Sexualorganen unserer Kinder als von ihrem »Intimbereich« (engl. »private parts«) zu reden, um den Kindern zu vermitteln, dass dieser Bereich privat ist und auch privat bleiben soll.

Wenn man mit seinen Kindern spricht, ist es das Beste, ihre Intimteile mit den richtigen Ausdrücken zu bezeichnen: Ein Penis ist ein Penis, kein »Pimmel« oder »Pillermann«. Es ist auch nicht »da unten« oder »das da«.

Wenn Sie die korrekten Ausdrücke gebrauchen wie Penis, Hoden, Vulva oder Vagina, erklären Sie nicht nur, was sie sind, sondern auch, wozu sie da sind. Ihre Kinder werden das früher oder später sowieso herausfinden – heutzutage durch das Internet wohl eher früher. *Sie* wollen doch die Autorität für Ihr Kind zu sein, die ihm sagt, welche Körperteile es hat und wie sie heißen – und nicht das Internet.

Ich (Josh) spielte mit einer meiner Töchter, die damals ungefähr drei Jahre alt war. Dottie betrat den Raum, und unsere Tochter platzte heraus: »Mama, Papa hat meine Vagina berührt!« Dottie versuchte, nicht aufgeregt zu erscheinen. Ich holte tief Luft und antwortete sehr ruhig, aber in wohlüberlegtem Ton, und fragte meine Tochter: »Schatz, wo ist deine Vagina?« Sie lächelte und zeigte auf ihren Bauchnabel. Daraufhin versuchte ich ihr möglichst einfach den Unterschied zwischen ihrer Vagina und ihrem Bauchnabel klarzumachen.

Es kann einige Erklärungen kosten, bis ein Kind seine Körperteile benennen kann. Aber wenn man die richtigen Namen und keine Spitznamen verwendet, wird Ihr Kind nicht verlegen sein oder sich schämen, wenn es irgendwo die richtigen Bezeichnungen für seine Körperteile hört.

Kapitel 15

Was muss ich alles wissen?

Einfach nur die Probleme zu kennen, wie zum Beispiel das allgegenwärtige Internet oder allerlei andere Medien in unseren Häusern und Schulen, reicht bei Weitem nicht aus, um unsere Kinder zu schützen. Wir müssen uns auch Kenntnis verschaffen – genaue Kenntnis, um sie verantwortlich und konstruktiv über Gottes Plan und Absicht mit der Sexualität belehren zu können.

Der weise König Salomo sagte:

> *»Auch Unkenntnis der Seele ist nicht gut; und wer mit den Füßen hastig ist, tritt fehl« (Sprüche 19,2).*

Während ich intensive Untersuchungen darüber anstellte, wie man mit Kindern über Sexualität spricht, war es für mich eine interessante Entdeckung, dass beinahe *alle* Studien Folgendes berichten: Zu den wichtigsten Dingen, die Eltern tun können, um ihren Kindern zu helfen, sexuellem Druck zu widerstehen, gehört es, dass sie nicht nur *Information* oder Wissen vermitteln, sondern dass dieses Wissen auch *sachlich fundiert* ist.

In dem Buch *A Guide to Healthy Adolescent Development* schreiben Clea McNeely und Jayne Blanchard: »Untersuchungen legen tatsächlich nahe, dass junge Leute, die über Sexualität medizinisch gut informiert sind, nicht so früh sexuell aktiv werden.« Die Forscherinnen schlossen daraus: »Wenn man Heranwachsenden korrekte und objektive Informationen zur Verfügung stellt, fördert man deren gesunde sexuelle Entwicklung.«[63]

Ein Artikel im *Healthy Children Magazine* stellt fest: »Einem Teenager sachliche Informationen zu vermitteln und ihn moralisch gut anzuleiten, bildet einen lebenswichtigen Teil der Hilfe, die wir unseren Jugendlichen für ihr Selbstverständnis geben können. Es kann Ihr Kind vor zerstörerischen und möglicherweise lebensbedrohlichen Fehlurteilen bewahren.«[64]

Eine positive Art, wie Eltern auf bedeutsame Weise Einfluss auf das Sexualverhalten ihrer Kinder nehmen können, besteht darin, eine Quelle korrekter Information zu sein. Und für die Eltern selbst wiederum kann zum Beispiel das *Medical Institute for Sexual Health* eine Quelle korrekter Information sein. Es mag einige Anstrengungen erfordern, die Themen rund um Sexualität wirklich zu begreifen, aber die Mühe lohnt sich. Die Tatsache, dass im Internet vorehelicher Sex allgegenwärtig ist, verlangt von uns Eltern Sachverstand.

Wenn unsere Kinder den Eindruck haben, dass wir als Eltern entweder nicht aufrichtig oder sachlich nicht auf der Höhe sind, werden sie das Vertrauen zu uns verlieren – und wir damit unseren Einfluss auf sie! Wir können darauf wetten, dass unsere Kinder ihre Fragen oft einfach googeln werden und die Antworten, die sie dann finden, mit den unseren vergleichen werden.

Andererseits brauchen Sie auch nicht in Panik zu geraten, wenn Sie auf eine Frage einmal keine Antwort wissen. Es ist keine Schande, zuzugeben, dass man etwas nicht weiß. Sie können Ihren Kindern sagen, dass Sie sich informieren und ihnen die Antwort dann später geben. (Natürlich müssen Sie diese Ankündigung dann auch wahrmachen.) Oder schlagen Sie vor, die Antwort gemeinsam zu suchen. Welch eine großartige Zeit das für Sie und Ihr Kind werden kann, gemeinsam zu lernen und einander näherzukommen! Eine Antwort nicht zu wissen, sie aber suchen zu wollen, wird Ihr Kind dazu bringen, Ihnen noch mehr zu vertrauen, und Ihre Glaubwürdigkeit als Eltern stärken.

Die Themen

Was nun folgt, sind nur einige der Themen, über die wir Bescheid wissen müssen. Elternschaft ist ein großartiges Abenteuer, aber es erfordert auch einige Anstrengungen von uns. Das kann schon mal etwas länger dauern.

- Anatomie und Fortpflanzung bei Männern und Frauen; Menstruation, nächtlicher Samenerguss
- Geschlechtsverkehr und Schwangerschaft
- Fruchtbarkeit und Verhütung
- andere Arten sexuellen Verhaltens; Oralverkehr, Masturbation und Petting
- sexuelle Orientierung; Heterosexualität, Homosexualität und Bisexualität
- körperliche und mentale Aspekte der Sexualität; Unterschiede zwischen Mann und Frau
- Selbstbild und Gruppenzwang
- Geschlechtskrankheiten
- Vergewaltigung durch Unbekannte und Bekannte; erhöhtes Risiko durch Alkohol- oder Drogenkonsum oder durch Mitgehen mit Fremden an unbekannte Orte
- sexuelle Signalwirkung der Kleiderwahl und des eigenen Auftretens auf andere Menschen
- Kondome
- Gefühle
- Gottes Definition von wahrer Liebe
- Flirten
- der biblische Standpunkt zu all diesen Themen

Die Erziehungsfachleute Kristin Zolten und Dr. Nicholas Long, die für das *Center for Effective Parenting* schreiben, erklären, dass man sich zunächst selbst über die Sexualerziehung kundig machen sollte. »Je mehr die Eltern über die verschiedenen Sexualthemen Bescheid wissen, umso sicherer können sie die Fragen ihrer Kinder beantworten. Ihre Kenntnis sollte Themen wie folgende einschließen: alle Aspekte der Sexualität wie Reproduktion, Sexualorgane, Geschlechtskrankheiten und so weiter.«[65]

Wir müssen nicht alles wissen, aber wir müssen *bereit* sein, ausreichende Kenntnisse zu erwerben, um die Fragen unserer Kinder sachgerecht beantworten zu können.

Kapitel 16

Sollten einige Themen tabu bleiben?

Manches von dem, was unsere Kinder zu sehen oder zu lesen bekommen, ist abscheulich. Vieles ist schockierend und beunruhigend. Doch von Anfang an müssen wir eine Atmosphäre der Offenheit schaffen, die unseren Kindern erlaubt, jede nur denkbare Frage zu stellen. Wenn man auf eine Frage empört, erschrocken oder unangenehm berührt reagiert, kann es die letzte Frage sein, die das Kind stellt. Keine Frage darf tabu sein.

Die Haltung, dass keine Frage tabu ist, wird einen immensen Eindruck auf das Verständnis und das Verhalten des Kindes machen. Aber man muss diese Offenheit auch klar kommunizieren. Ihr Kind soll sich bei ihnen wohl fühlen. Seien Sie bereit, alles und jedes mit ihm zu besprechen.

Wie schon erwähnt, müssen Sie, nachdem Sie klar gemacht haben, dass keine Fragen tabu sind, das auch durch Ihre Haltung und Körpersprache bestätigen. »Behandeln Sie das Thema Sex sachlich«, sagt Dr. Nicholas Long vom *Center for Effective Parenting*. Er fährt fort:

> *»Wenn Eltern mit ihren Kindern über Sexualität sprechen, sollten sie versuchen, diese Diskussion wie jedes andere wichtige Thema zu behandeln – ruhig und sachlich. Kinder sind sehr scharfsinnig, und sie merken, ob sich die Eltern bei dem Thema Sexualität unwohl fühlen. Wenn dies der Fall ist, werden sie später nicht so leicht wieder zu ihren Eltern mit Problemen und Fragen kommen. Kinder können zu der Ansicht gebracht werden, Sexualität sei etwas Böses, Verkehrtes oder eine Sache, über die man nicht spricht.«*[66]

Immer wenn ich (Dottie) mit den Kindern über sexuelle Angelegenheiten reden wollte, habe ich versucht, ganz zu ruhig sein, denn dann waren es die Kinder auch. Ich habe versucht, darüber in dem gleichen Ton zu sprechen, in dem ich davon sprach, was es zum Abendbrot geben sollte oder wie viel der Haarschnitt kostet oder wo das Hundehalsband liegt. Mit anderen Worten, wenn meine Kinder merkten, dass ich bei dem Thema so entspannt war wie bei jedem anderen auch, dann waren sie weniger zögerlich, mit ihren Fragen zu mir zu kommen.

Aber was ist, wenn Sie eine Frage nicht beantworten können? Dann gibt es immer eine Antwort, und die lautet: »Ich weiß es nicht, aber lass uns zusammen nachschauen.« Wichtig ist, *wie* Sie antworten. Wenn Sie vermitteln können, dass es kein Tabuthema gibt, sind Sie genau auf dem richtigen Weg, um mit Ihren Kindern gute Gespräche über Sexualität führen zu können.

Pastor Jack Wellmann rät dringlich: »Es sollte keine Frage geben, die Ihre Kinder Ihnen aus Angst oder Verlegenheit nicht stellen möchten. Diese Art Sicherheitszone baut Vertrauen auf und bereitet ein Umfeld vor, in dem die Kinder mit allem zu Ihnen kommen. Das ist die denkbar beste Situation, besonders, wenn es um das Thema Sexualität geht.«[67]

Unsere Tochter Heather erzählte uns neulich: »Sexualität war Tischgespräch – da gab es wirklich nichts, was ich nicht zu fragen gewagt hätte. Ich wusste, dass, wenn ich etwas wissen wollte, ihr es mir sagen würdet. Ich kann mich nicht erinnern, dass irgendetwas ein Tabuthema war, und das ist auch heute noch so.«

Wir sind dankbar, dass diese Botschaft bei unseren Kindern angekommen ist. Seien Sie offen, ehrlich und bereit, auf jede Frage Ihrer Kinder eine Antwort zu finden, egal, um was es geht – Sie werden es nicht bereuen.

Kapitel 17

Wie oft sollte ich mit meinem Kind über Sexualität sprechen?

Einmal im Vierteljahr? Monatlich? Oder wöchentlich? Nun, es geht nicht darum, wie viele Gespräche Sie führen. Wichtig ist, dass Sie über viele Themen *immer wieder* sprechen. Wiederholung ist Teil des Prozesses.

Viele Kinder können nicht mehr als jeweils zwei Minuten lang Informationen aufnehmen. *Children Now*, eine Kinder-, Erziehungs- und Gesundheitsorganisation, stellt fest:

> *»Weil die meisten jungen Kinder nur kleine Bröckchen Information auf einmal aufnehmen können, werden sie nicht alles, was sie über ein besonderes Thema lernen müssen, in einem einzigen Gespräch lernen. Darum ist es sehr wichtig, etwas Zeit vergehen zu lassen und dann das Kind zu bitten, das zu erzählen, was es von der letzten Unterhaltung behalten hat. Das wird dazu beitragen, Missverständnisse zu korrigieren und fehlende Fakten nachzuliefern.«*[68]

Wundern Sie sich nicht, wenn Ihr vierjähriges Kind Ihnen die gleichen Fragen stellt wie damals, als es drei war, und seien Sie nicht erstaunt, wenn die Fragen sich mit fünf wiederholen. Sagen Sie nicht: »Ich hab dir doch schon gesagt, woher die Babys kommen«, oder: »Ich hab dir doch schon so oft erklärt, was dein Bauchnabel ist.«

Erst kürzlich habe ich (Dottie) mich mit Dr. Joe McIlhaney, dem Vorsitzenden des *Medical Institute for Sexual Health*, unterhalten. Er führte aus, dass Eltern oft meinen, sie sprächen mit ihren Kindern recht oft über Sexualität. Die Kinder auf der anderen Seite sagen, dass dies eigentlich selten der Fall sei. Für diese ungleiche Wahrnehmung gibt es einen einleuchtenden Grund. Eltern investieren eine Menge emotionaler Energie in den Versuch, sich deutlich auszudrücken und gleichzeitig nicht zu viele Informationen weiterzugeben. Und darum erinnern sie sich an solche Augenblicke. Die Kinder jedoch hören einfach nur zu und erinnern sich später gar nicht mehr so genau an das Gespräch. Darum müssen wir geduldig, wohlwollend und bereit sein, alles immer noch einmal zu wiederholen.

Das Thema der Sexualität ist äußerst komplex. Es kostet Zeit, bis unsere Kinder den Zusammenhang erfasst haben. »Eine Mutter aus Nashville hörte einmal, wie ihr dreijähriger Sohn seinem Bruder erklärte: ›Jungen haben Penisse, und Mädchen haben Porzellan.‹ Wundern Sie sich nicht, wenn dieselben Fragen immer wieder aufkommen, bis Ihre Kleinen alles richtig einsortiert haben.«[69]

Wenn wir geduldig sind und alles wiederholt erklären (vielleicht mit ein paar zusätzlichen Details), so sendet das eine starke Botschaft an unsere Kinder aus.

Viele Untersuchungen haben das Folgende bestätigt:

»Die wiederholte Kommunikation über sexuelle Inhalte (im Gegensatz zu einmaligen Gesprächen) erweist sich aus mehreren Gründen als bedeutsam:

1. *Es kann das Verständnis, die Verarbeitung und die Annahme elterlicher Informationen über Sexualität beim Heranwachsenden erhöhen.*
2. *Wahrscheinlich entsteht dadurch im Laufe der Zeit eine entspanntere Atmosphäre bei Gesprächen über Sexualität.*
3. *Dadurch wird dem Heranwachsenden ein ernsthaftes elterliches Interesse an seiner Person vermittelt.*
4. *Solche Gespräche begünstigen eine immer festere Eltern-Kind-Beziehung, die ihrerseits große Bedeutung für die Förderung der sexuellen Gesundheit von Jugendlichen hat.«*[70]

Wiederholung wird von Kindern anders wahrgenommen als von Eltern. Kinder benötigen den Prozess der Wiederholung, um ihr Verständnis und ihre Einsicht in Bezug auf Sexualität Stück für Stück aufzubauen. Und das bedeutet: Wir müssen dieselben Dinge, vielleicht durch zusätzliche Einzelheiten erweitert, wieder und wieder und wieder vortragen.

Kapitel 18

Wird mein Kind mich nicht für zwanghaft halten, wenn ich dauernd auf sexuellen Themen herumreite?

Auf etwas herumzureiten, bedeutet, unermüdlich davon zu reden. Niemandem gefällt es, wenn jemand auf etwas herumreitet. Natürlich, wenn wir als Eltern dauernd auf dem Sex-Thema herumreiten, werden uns unsere Kinder für zwanghaft halten und ihre Ohren verschließen. Andererseits müssen wir unseren Kindern die göttlichen Wahrheiten über Sexualität ganz deutlich machen. Was ist also zu tun?

Anstatt darauf herumzureiten, nutzen Sie lieber echte Lebenssituationen und machen Sie »lehrreiche Augenblicke« daraus. Solch ein »lehrreicher Augenblick« ist eine Situation, in der man einen alltäglichen Umstand nutzt, um etwas über Sexualität zu sagen. Diese Augenblicke können von etwas hervorgerufen werden, was das Kind am Computer erfahren oder von einem Freund gehört, im Fernsehen oder auf einem Plakat gesehen oder in einem Kinderbuch gelesen hat. Nehmen Sie solche Augenblicke wahr!

»Lehrreiche Augenblicke« zu ergreifen, ist eine Kunst, die man lernen kann. Sie müssen wissen, wie Medieninhalte in Bezug auf vermittelte Werte und Verhalten einzuordnen und zu bewerten sind – sei es im Internet, in Filmen, im Fernsehen, in Zeitschriften, Comics, Zeitungen, Blogs, Tweets und anderen Botschaften in den sozialen Medien. Die heutige Kultur bietet allen Eltern eine Fülle von »lehrreichen Augenblicken«! So sind in sehr vielen Fernsehsendungen sexuelle Dialoge oder sexuelles Verhalten enthalten.

Unterhaltungsmedien, vor allem das Fernsehen und das Internet, beeinflussen unsere Gesellschaft stark und üben auf dem Gebiet der Sexualität eine Erzieherrolle aus. Es ist deshalb von höchster Wichtigkeit, dass wir Medieninhalte genau kontrollieren. Wir können diese negativen Einflüsse abmildern, indem wir durch unsere Gespräche etwas Positives aus der Situation machen.

So waren zum Beispiel während der Show in der Halbzeitpause beim *Super Bowl 2012* viele geschockt, andere amüsiert, als die Sängerin M.I.A. ihren Mittelfinger gegen die Kamera ausstreckte. Sie zeigte nur ihren Finger, aber in dieser Geste schwang die sexuelle Nachricht mit: »F--- dich!« Viele Christen zeigten darüber (zu Recht) ihre Entrüstung, verpassten aber die goldene Gelegenheit, eine wichtige Wahrheit über Sexualität mitzuteilen, an die ihr Kind noch jahrelang denken würde. Das war ein »lehrreicher Augenblick«, in dem man etwas Negatives in etwas Positives hätte verwandeln können.

Ich (Josh) fuhr mit Kelly und Sean, die damals neun und sieben Jahre alt waren, in unserem Van. Wie Kinder in diesem Alter es manchmal tun, gerieten sie in einen Streit. Aus Ärger schrie Sean seine Schwester an: »F--- dich!« Ich hätte wütend werden und meinen Sohn bestrafen können. Aber ich versuchte in dieser Situation keinerlei Aufregung zu zeigen, sondern fragte nur: »Mein Junge, weißt du überhaupt, was das Wort heißt?« Er antwortete: »Nein.« So fragte ich: »Wo hast du das gehört?« Er antwortete: »In der Schule.« Darauf schlug ich vor: »Mein Junge, soll ich dir erklären, was das heißt?« Mit riesengroßen Augen sagte er: »Ja.«

Die nächsten zehn Minuten waren eine wunderbare Gelegenheit, meine Kinder zu unterrichten und Gemeinschaft mit ihnen zu haben. Ich erklärte, was der Ausdruck bedeutet, und sagte ihnen, wie unpassend und erniedrigend er für eine der schönsten Gaben ist, die Gott Eheleuten gegeben hat. Dann versuchte ich, so deutlich wie es auf dem Niveau einer Neunjährigen und eines Siebenjährigen möglich ist, klarzumachen, warum wir in unserer Familie diesen Ausdruck nicht verwenden. Dieses Vorkommnis wurde zu einem idealen »lehrreichen Augenblick« und wirkte sich positiv auf Seans Leben aus.

Es gibt eine unbegrenzte Anzahl von Möglichkeiten, sehr bedeutsame »lehrreiche Augenblicke« mit unseren Kindern zu haben. Diese kleinen Momente können in zahllosen Situationen eine negativ prägende Erfahrung in eine positive verwandeln und sie können tatsächlich die Haltungen und Glaubensansichten, das Verständnis und das Verhalten unserer Kinder stark beeinflussen.

Im Folgenden erwähne ich Bereiche, die oft »lehrreiche Augenblicke« für unser Leben bereithalten:

1. Internet und andere Unterhaltungsmedien.[71] In der Sendung »Sexuality, Contraception, and the Media« berichtete die Organisation *American Academy of Pediatrics* Folgendes:

> *»Amerikanische Kinder verbringen pro Woche mehr als 38 Stunden mit unterschiedlichen Arten von Medien wie Fernsehen, Videos, Videospiele, Musik und Internet. Wenn der durchschnittliche Teenager die Highschool abgeschlossen hat, hat er 15 000 Stunden mit Fernsehen vergeudet. Das sind 20 % mehr als die 12 000 Stunden, die er in der Schule verbrachte. Außerdem sieht der durchschnittliche amerikanische Jugendliche beinahe 14 000 sexuelle Anspielungen pro Jahr.«*[72]

Diese Meldung ist voller Material für »lehrreiche Augenblicke«. Der Leitfaden für Eltern »Wait for Sex«, der vom *Resource Center for Adolescent Pregnancy Prevention* entwickelt wurde, gibt folgenden Einblick: »Sie schauen sich mit Ihrem Kind die Nachrichten im Fernsehen an. Der Reporter spricht über die Familie eines Mädchens aus der siebten Klasse, die eine Beschwerde an die Schulaufsicht wegen sexueller Belästigung gerichtet hat. Ein Junge aus der Schule hatte wiederholt herabsetzende Bemerkungen über ihren Körper gemacht, besonders über ihre Brüste. Das ist eine gute Gelegenheit, darüber zu sprechen, wie wichtig es ist, dem anderen Geschlecht gegenüber Respekt zu zeigen.«[73]

Manchmal sehen wir uns möglicherweise mit unseren Kindern eine Fernsehshow oder einen Film an. Dann ist es möglich, dass uns wie aus heiterem Himmel zwei Leute gezeigt werden, die unmoralischen Sex haben. Wir schalten dann einfach ab und machen einen »lehrreichen Augenblick« daraus.

Gewöhnlich fragen wir: »Kinder, was ist falsch an dem, was da eben gezeigt wurde?« Dann fangen die Kinder an zu erzählen und wir hören zu.

»Warum ist das falsch?«, fragen wir weiter.

Wir bemühen uns, zuzuhören, ohne sie zu unterbrechen.

»Was können die Folgen von außerehelichem Geschlechtsverkehr sein? Könnt ihr euch erinnern, ob jemals die negativen Folgen solchen Verhaltens im Fernsehen oder in einem Film gezeigt wurden?«

Gewöhnlich können sie das nicht, weil die Unterhaltungsmedien fast nie die negativen Folgen außerehelichen Geschlechtsverkehrs zeigen. So wird im Film kaum jemand geschlechtskrank, obwohl das in der realen Welt völlig unrealistisch ist.

Heute leidet ungefähr jeder vierte Teenager an einer Geschlechtskrankheit.[74] Viele Männer haben HPV (Humane Papillomviren), und nicht selten sterben Frauen durch die Ansteckung. Auch Kondome bewahren nicht gänzlich davor. Aber nur selten erfährt man in Film und Fernsehen davon. Das ist sowohl unrealistisch als auch irreführend – unmoralisches Verhalten hat Konsequenzen! Und das können eben auch Geschlechtskrankheiten sein. Aber dieses von den Medien aufgebaute falsche Bild liefert uns ideale »lehrreiche Augenblicke« für unsere Kinder.

Ein anderer Ansatz für »lehrreiche Augenblicke« liegt darin, die gesamte Diskussion in das Licht des göttlichen Wortes über den Sinn der Sexualität zu bringen. Zeigen Sie Ihren Kindern die Bedeutung der Bibel und dass das Festhalten an ihr das Allerbeste für uns ist.

Auch die Amerikanische Psychologengesellschaft ermutigt Eltern zum Gespräch mit ihren Kindern:

»Machen Sie den Mund auf! Wenn Ihnen eine Fernsehshow, eine CD, ein Video, eine Jeans oder eine Puppe nicht gefällt, dann sagen Sie auch, warum. Eine Unterhaltung mit Ihrer Tochter ist sinnvoller, als nur zu sagen: ›Nein, du darfst das nicht kaufen oder anschauen!‹ Unterstützen Sie Aktionen, Gesellschaften und Produkte, die ein positives Mädchenbild fördern. Beschweren Sie sich bei Herstellern, Werbefachleuten, Film- und Fernsehproduzenten und Einzelhändlern, wenn deren Produkte die Mädchen sexuell herabwürdigen.«[75]

Ein kürzlich veröffentlichter Bericht von SIECUS (*Sexual Information & Education Council of the U.S.*) gibt ebenfalls einige gute Hinweise:

»Sprechen Sie über Ihre Ansichten und Werte in positiver Weise. Diskutieren Sie über Ihre Denkweise. Ihr Kind muss unbedingt Ihre Werte kennen, wenn es anfängt, seine eigenen zu bilden.

Seien Sie wach für ›lehrreiche Augenblicke‹. Nutzen Sie die Gelegenheiten in einem Witz, einem Lied, einer Werbung oder in einem Film, um dieses Thema zu diskutieren.

Seien Sie sensibel. Ihre Kinder könnten sich Ihretwegen schämen, wenn Sie sexuelle Themen vor ihren Freunden und vor Erwachsenen zur Sprache bringen.«[76]

Nutzen Sie die Medien zu Ihrem eigenen Vorteil. Unterhalten Sie sich mit Ihren Kindern. Geben Sie Ihre Werte weiter.

2. Eine schwangere Frau. Kinder werden oft neugierig, wenn sie eine schwangere Frau sehen. Das ist eine gute Gelegenheit, ihre Fragen zu beantworten und ganz einfach ein Gespräch über Sexualität zu beginnen.

3. Reale Geschichten über reale Leute. Auch wahre Geschichten können sich eignen. So könnten Sie von einem Bekannten von

Ihnen berichten, der die Schule verlassen musste, um eine Arbeit zu suchen. Er hatte Sex mit seiner Freundin, und sie ist ungewollt schwanger geworden. Fragen Sie Ihre Kinder, was sie darüber denken. Solche realen Geschichten eignen sich ausgezeichnet für »lehrreiche Augenblicke«.

4. Nacktbilder. »Ihr Kind und sein Spielkamerad sind im Schlafzimmer und kichern. Sie öffnen die Tür, um zu sehen, was sie so lustig finden. Beide schauen sich eine nackte Frau in einem Lexikon an.«[77] Das ist ein wirkungsvoller »lehrreicher Augenblick«.

5. Ein Fahndungsplakat. »Wenn Sie mit Ihrem elfjährigen Sohn in der Post Schlange stehen, bemerken Sie einen Fahndungsaushang der Kriminalpolizei. Einer der Männer wird gesucht, weil er drei Frauen vergewaltigt hat.«[78] Welch eine Gelegenheit, mit Ihrem Kind darüber zu sprechen!

6. Homosexuelle Zuneigung. »Sie und Ihr Kind beobachten zwei Männer, die sich in der Einkaufsmeile an den Händen halten.«[79] Das ist wieder ein »lehrreicher Augenblick«, um einfühlsam über Homosexualität zu sprechen.

7. Ein Kondom. »Beim Wäschewaschen finden Sie ein Kondom in der Hosentasche Ihres Sohnes.«[80] Auch das kann ein »lehrreicher Augenblick« werden – zwar ein ziemlich schockierender, aber trotzdem ein lehrreicher.

8. Sexuelle Fehlinformation. »Während der Heimfahrt von der Schule sagt Ihre dreizehnjährige Tochter: ›Mama, ich hab gehört, dass man beim ersten Geschlechtsverkehr nicht schwanger werden kann.‹«[81]

9. Innerfamiliäre Meinungsverschiedenheiten. »Ihre Schwiegermutter wechselt Ihrem sechs Monate alten Sohn die Windeln. Sie und Ihr älterer Sohn schauen dabei zu. Ihre Schwiegermutter stößt sanft gegen die Hand des Babys und sagt ihm: ›Fass dir da unten nicht hin.‹«[82] Vielleicht finden Sie das überzogen und möchten sich sofort dazu äußern. Später jedenfalls können Sie diese Situation positiv nutzen, indem Sie sie in einen »lehrreichen Augenblick« mit Ihrem Sohn verwandeln ...

10. Gemeinsames Anschauen von Familien-Hochzeitsalben. Welch großartige »lehrreiche Augenblicke« sind das!

11. Verhalten von Tieren. Eine der McDowell-Töchter erzählt folgende Geschichte: »Ich weiß, dass meine Mutter mir erzählt hat, wir hätten uns das erste Mal über Sexualität unterhalten, als wir eine Straße entlangfuhren und ich gesehen habe, wie eine Kuh die andere bestieg. Sie sagte, ich hätte gefragt, was die da machen. Mama erklärte es mir, und ich sagte: ›Oh, wäre es nicht total ekelhaft, wenn Menschen das auch machen würden?‹ Und tatsächlich wurde daraus die erste Unterhaltung über Geschlechtsverkehr. Es ist komisch, dass ich mich an dieses Gespräch gar nicht mehr erinnere.«

Obwohl unsere Tochter nichts mehr von dieser Situation weiß, war sie doch einer der »lehrreichen Augenblicke«, die ihr halfen, nach und nach Gottes wunderbare Gabe der Sexualität zu verstehen.

12. Schulversammlungen, Sportereignisse, Training, Schulsport usw. Wir waren in einem Restaurant und aßen dort mit allen unseren vier Kindern – Kelly, Sean, Katie und Heather –, als Sean sagte: »Papa, heute war jemand in der Schule, der über Sex gesprochen hat. Wir glauben nicht, dass du ihm zustimmen würdest.« Ich fragte sofort: »Wieso?«

Die nächsten drei Stunden etwa saßen wir in diesem Stuart-Anderson-Steakhouse in Lakeside, Kalifornien, und hatten eine offene Familiendiskussion. Der Kellner (ein College-Student) hielt sich in unserer Nähe auf. Am Ende unterbrach er uns und sagte: »Kinder, wisst ihr überhaupt, wie glücklich ihr sein könnt, Eltern zu haben, die diese Dinge mit euch diskutieren? Meine Eltern haben das nie mit meiner Schwester und mir getan, mit dem Ergebnis, dass wir einige schlechte Entscheidungen getroffen haben.« Solche »lehrreichen Augenblicke« sollte man nutzen.

13. Musik. Forscher der *State University of New York* in Albany gaben eine Untersuchung der Texte der 174 Lieder heraus, die es im Jahr 2009 in die Top 10 der Country-, Pop- und R&B-Charts geschafft hatten. Sie stellten fest, dass 92 % von ihnen eine oder mehrere sexuelle Botschaften enthielten, mit durchschnittlich 10,49 solcher Anspielungen pro Lied.[83]

Es ist schon einige Jahre her, als ich (Josh) einmal in Seans Zimmer trat, wo er gerade dabei war, zu versuchen, ein Lied auf seiner neuen CD zu löschen. Er war damals zwölf.

»Sean, was treibst du denn da?«, fragte ich.

»Ich versuche, ein Lied zu löschen.«

»Warum?«

»Es entspricht nicht unserem Familienstandard, deshalb will ich es löschen.«

Dies lieferte mir eine andere Art von »lehrreichen Augenblicken«. Sofort drückte ich meine Bewunderung für ihn aus und sagte ihm, wie stolz ich auf seine Entscheidung sei.

Deb Roffman, die für die *National Parent-Teacher Association* schreibt, bekräftigt das. Sie sagt: »Wenn Sie etwas sehen, das nicht Ihren Werten entspricht (beim Einkauf, bei Fernsehshows und Musikvideos), sprechen Sie mit Ihrem Kind darüber. Seien Sie der kulturelle Dolmetscher Ihrer Kinder.«[84]

14. Badezeit. Als eine meiner Töchter ungefähr zwei Jahre alt war, kam ich von einer Reise zurück und Dottie bat mich: »Könntest du sie bitte baden?« Ich willigte ein, ging in unser Badezimmer und begann, die Wanne mit Wasser zu füllen. Ich sagte meiner Tochter: »Schätzchen, jetzt zieh dich aus, aber steig noch nicht hinein.« Ich hatte nämlich Angst, dass sie ausgleiten und sich den Kopf stoßen würde. So sagte ich ihr: »Warte, bis Papa zurück ist. Ich habe eine Überraschung für dich!«

Während meiner Reise hatte ich ihr eine kleine Gummi-Ente besorgt. Die wollte ich nur eben holen. Gerade als ich zurückkam, schrie sie ganz durchdringend. Ich stürzte in größter Eile ins Badezimmer und rief: »Schätzchen, was ist passiert?« Mein Töchterchen saß auf dem Wannenrand und schaute an sich hinab. Dann sah sie mich an und rief: »Papa, Papa, mein Penis ist nach innen umgekrempelt!«

Klar, meine Tochter hatte ihren Bruder gesehen. Was sollte sie als Zweijährige anderes denken, als dass sie ihren Penis verloren hatte oder er nach innen umgekrempelt war?

Das war ein großartiger »lehrreicher Augenblick«. »Ach nein, Schätzchen«, sagte ich. »So hat Gott dich gemacht. Er macht kleine Jungen wie deinen Bruder mit einem Penis und kleine Mädchen mit einer Vagina. Ist das nicht prima, was Gott da gemacht hat? Nun wollen wir baden!«

Das war eine Unterhaltung von zwanzig Sekunden, aber es war guter Sexualkundeunterricht, ein »lehrreicher Augenblick«.

Wenn Sie alle die oben genannten Situationen und noch viele andere nutzen, wird das zu großartigen Gesprächen führen. Denken Sie daran: Wenn Sie viele »lehrreiche Augenblicke« nutzen, solange Ihre Kinder noch klein sind, werden sie, wenn sie älter geworden sind, noch immer gerne das Gespräch mit Ihnen suchen.

Kapitel 19

Wie stark sollte ich die Welt meines Kindes überwachen?

In der heutigen Zeit müssen Sie die Welt Ihrer Kinder unbedingt überwachen, wenn Sie sie beschützen wollen. Sie sollten sich lieber keine Gedanken darüber machen, ob Sie Ihre Kinder *zu sehr* überwachen – vielmehr sollte Ihre Sorge sein, ob Sie es *zu wenig* tun.

Auf welche Bereiche müssen Sie ein Auge haben? Ganz sicher gehören die Freunde Ihrer Kinder und deren Familien dazu, außerdem ihre Schule, Sportgruppen, die Filme, die sie anschauen, die Zeitschriften, die sie lesen, die Musik, die sie anhören und selbstverständlich das Internet. Das ist eine große Aufgabe – aber es muss gemacht werden. In unserer Zeit müssen wir als Eltern beherzt und unerschrocken die Welt unserer Kinder kontrollieren. Dabei stellt uns besonders das Internet vor Herausforderungen, die wir uns früher nicht haben träumen lassen.

Tatsächlich erzählte mir (Dottie) meine Tochter Katie, Mutter von Vorschulkindern, kürzlich, sie habe die Hoffnung aufgegeben, ihre Jungen vor der sie umgebenden Kultur abschirmen zu können. Darum sei ihre Strategie jetzt, sie nicht länger davor *abzuschirmen*, sondern sie stattdessen darauf *vorzubereiten*, damit sie wissen, wie sie damit umgehen sollen. Sie will ihren Kindern helfen, möglichst unbeschadet hindurchzukommen. Diese Methode erfordert überlegte und manchmal harte Entscheidungen.

Wir können kreative Wege suchen, in die Welt unserer Kinder einzutauchen. Meine (Dotties) Schwester hat eine Tochter auf der Highschool und ist ein großartiges Beispiel dafür. Sie ist ausgebildete Lehrerin, hat aber vor, Hausfrau zu bleiben, will gleichzeitig aber den Zugang zur Welt ihrer Tochter behalten. Das schafft sie, indem sie an der Schule ihrer Tochter ab und zu als Aushilfe arbeitet. Auf diese Weise lernt sie die Kinder kennen, mit denen ihre Tochter Umgang pflegt. Sie trifft die Lehrer und bekommt ein Empfinden für die Atmosphäre in der Schule. Natürlich können nicht alle eine so ideale Situation herstellen. Aber trotzdem können alle kreativ und zielstrebig sein.

Josh und ich haben uns ebenfalls sehr darum bemüht. So erwarteten wir immer klare Absprachen über das Kommen und Gehen unserer Kinder. Wir verlangten, dass sie uns genau sagten, wohin sie gingen, wann sie dort ankamen und wann sie wieder fortgingen, was sie da machten und mit wem sie zusammen waren. Das kostete Zeit, Kraft und Entschiedenheit. Aber es war wichtig für ihre Sicherheit und unseren inneren Frieden.

Wir legten Grundregeln und Uhrzeiten fest und erwarteten bestimmte Verhaltensweisen. Wir beteiligten die Kinder am Entstehungsprozess dieser Regeln, damit sie unsere Erwartungen und Besorgnisse verstehen konnten. All das geschah in einem Kontext liebevoller Beziehungen, weil uns bewusst war, dass sie sich sonst widersetzt hätten. Denken Sie immer daran: Regeln ohne Beziehungen führen oft zur Rebellion.

Als unsere Kinder älter wurden und immer deutlicher Zeichen von Reife und Verantwortlichkeit erkennen ließen, konnten wir die Zügel lockerer lassen. Das war ein Vorbereitungsprozess, weil wir wussten, dass sie auf die Selbstständigkeit im Rahmen eines Collegebesuches oder einer beruflichen Tätigkeit zusteuerten und bald ihre eigenen Entscheidungen fällen würden. Wir mussten sie allerdings manchmal daran erinnern, dass die Überwachung und Kontrolle ihrer Aufenthaltsorte uns nicht zu Schnüfflern, sondern im rechten Sinn zu Eltern machten.

Wenn Ihre Kinder im Nachbarhaus spielen, ist es wichtig zu wissen, wer sonst noch dort ist und ob eine erwachsene Vertrauensperson Aufsicht führt. Leider geschieht Missbrauch oft durch andere Kinder. Darum muss man wissen, wer dort wohnt. Bevor die Kinder zum ersten Mal irgendwo hingehen, stellen Sie sicher, dass es dort keinen Zugang zu Pornografie gibt. Ein junges Ehepaar, das in unserer Nachbarschaft wohnt, fragt immer erst, ob es einen älteren Bruder in der einladenden Familie gibt. Wenn ja, dann gilt als Familienregel, dass die Kinder in ihrem und nicht im Nachbarhaus spielen müssen.

Erkundigen Sie sich, was in der Schule Ihrer Kinder gelehrt wird. Die Schulen haben teilweise eine sehr unterschiedliche Politik. Das hängt vom jeweiligen Lehrplan ab und davon, ob es eine öffentliche oder eine private Schule ist. Wirken Sie dort mit! Helfen Sie freiwillig in der Klasse. Besuchen Sie die Elternabende und treffen Sie sich mit den Lehrern. Verfolgen Sie auch die Politik im Land und erkundigen Sie sich, welche Gesetze beschlossen werden, die das schulische Umfeld betreffen.

Überwachen Sie, welche Filme die Kinder anschauen. Jede Familie muss Regeln entwickeln, die das Wohl der Kinder zum Ziel haben. Zwei unserer erwachsenen Kinder haben sich entschieden, überhaupt keinen Fernseher im Haus zu haben. Ein weiteres unserer Kinder prüft sorgfältig alle Fernsehprogramme. (Mittlerweile stellt das Internet allerdings eine weitaus größere Gefahr als der Fernseher dar.) Seien Sie auf dem Laufenden, was heute Filme beinhalten, und stellen Sie einen Plan auf, der Ihre Familienstandards verwirklicht. Benutzen Sie Diskussionen über diese Angelegenheiten als Möglichkeiten. Die Kinder müssen begreifen, dass die Medien überflutet sind von Inhalten, die falsche Botschaften aussenden. So viel Ihnen möglich ist, lesen und hören Sie, was Ihre Kinder lesen und hören. Dann können Sie mit ihnen ins Gespräch kommen über die Botschaften aus den Büchern und Liedern, die ihre Aufmerksamkeit gerade auf sich ziehen. Diese Art von Überwachung gibt Ihnen mehr Möglichkeiten, Ihren Kindern näherzukommen, mehr Chancen, sie zu verstehen, und mehr Gelegenheiten, sich mit ihnen innerlich zu verbinden.

Schutzprogramme

Heutzutage ist es unvermeidlich, dass Kinder mit dem Internet zu tun bekommen. Daran geht kein Weg vorbei. Selbst in der Schule gibt es Hausaufgaben, die nur mit dem Internet zu lösen sind.

Es gibt eine Reihe von Kinderschutz-Softwareprogrammen, die wir benutzen können. Einige Programme kosten Geld, andere nicht. Einige der Software-Programme funktionieren auf Handys und einige nicht.[85]

Dabei sollte man im Hinterkopf behalten, dass Filter-Software keine perfekte Lösung ist. Diese Software wird zwar die *meisten* entsprechenden Seiten abblocken, aber nicht *alle*, und auch keine E-Mails.

Beispielhaft listen wir im Folgenden dennoch einige empfehlenswerte Programme auf:

Salfeld Kindersicherung[86]

Mit diesem Schutzprogramm lassen sich auf dem PC neben zahlreichen Zeitlimits (Gesamtlimit, Limit für einzelne Programme, Apps und Websites) auch wirksam Internet-Inhalte nach Alter oder Kategorie filtern, sodass eine sichere Surf-Umgebung gewährleistet wird. Das Programm wird durch ein Passwort geschützt. Dazu kann man eine Email-Adresse angeben, an die täglich oder wöchentlich Protokolle verschickt werden, die das Surf-Verhalten dokumentieren. Werden unerlaubte Inhalte aufgerufen, wird *sofort* eine E-Mail verschickt.

Manchmal blockiert das Programm auch Seiten, die völlig unbedenklich sind. Der Nutzer kann dann eine Freigabeanforderung an den Administrator schicken, der die Seite freigeben kann.

Wenn man ein Zeitlimit für den PC festgelegt hat, fährt der PC automatisch herunter, wenn das Limit erreicht ist. Auch das kann vom Administrator verlängert werden.

Auch kann man eine »Whitelist« anlegen, sodass Kinder nur auf extra freigegebene Seiten gehen können. Alle anderen Seiten bleiben dann automatisch gesperrt.

Dieses Programm eignet sich auch sehr gut für Ehepaare, die sich Rechenschaft über ihr Surf-Verhalten geben und sich selbst vor dem Besuch schlüpfriger Seiten schützen möchten. Ebenfalls eignet sich das Programm auch sehr gut für »Zweierschaften«, in der sich beide Teilnehmer Rechenschaft über ihre Internet-Nutzung geben.

Ähnliche Funktionen bietet auch der *Chico Browser* von Salfeld, eine Kindersicherung für alle Android Smartphones und Tablets. Neben der sicheren Surf-Umgebung durch die Chico-Browser-App selbst lassen sich dort auch zahlreiche Limits für andere Apps setzen. Über das gemeinsame Web-Portal hat man stets alle PCs, Smartphones und Tablets im Blick und kann sehen, was läuft.

Norton Family[87]

Dieses Programm, das sich besonders für die Nutzung auf Handys und Tablets eignet, wird sowohl auf den Geräten der Kinder als auch der Eltern (Administratoren) installiert. Als Administrator kann man dann für die Kinder einstellen, wie lange sie das Handy täglich nutzen können. Nach Erreichen der jeweiligen Nutzungszeit kann man das Handy nur noch zum Telefonieren nutzen, und zwar nur für die Nummern, die der Administrator freigegeben hat. Alle anderen Funktionen sind dann nicht mehr nutzbar.

Außerdem kann man einstellen, welche Apps die Kinder nutzen können und welche nicht. Ähnlich wie bei der *Salfeld Kindersicherung* erhält man wöchentlich einen Bericht, welche Seiten die Kinder und Jugendlichen im Internet aufgerufen haben, welche Spiele gespielt wurden etc. Ebenso kann man den Zeitraum einstellen, ab wann und bis wann das Handy genutzt werden kann. Es können auch unterschiedliche Zeitlimits für einzelne Tage eingestellt werden.

JusProg Software[88]

Dieses Jugendschutzprogramm wird vom Bundesministerium für Familie, Senioren, Frauen und Jugend empfohlen – und ist kostenlos.

Die Perspektive einer 27-jährigen Mutter auf Kinder und das Internet

Um ihre Kinder zu schützen, geht eine 27-jährige Mutter folgende Schritte:

1. *»Alle Computer und Smartphones müssen spätestens um 21 Uhr abgeschaltet werden. Es gibt den Spruch: ›Nach 22 Uhr kommt nichts Gutes mehr.‹*
2. *Ich erlaube meinen Kindern nicht, Computer, Fernseher oder Smartphones in ihre Kinderzimmer mitzunehmen.*
3. *Ich kenne ihre Freunde und deren Eltern. Ich sage nicht, meine Kinder dürften keine ungläubigen Freunde haben. Aber ich will, dass diese Kinder in mein Haus kommen. Ich will wissen, dass, wenn mein Kind in ein anderes Haus geht, dort die gleichen Standards gelten wie bei mir.*
4. *Ich möchte, dass meine Kinder verstehen, dass Internetnutzung ein Privileg ist und nicht ein Recht, das sie automatisch mit der Geburt erhalten. Nennen Sie mich ruhig altmodisch oder ›von vorgestern‹. Aber ich will, dass meine Kinder Bücher lesen, draußen spielen und ihre Fantasie entwickeln.*
5. *Ich setze meinen Kindern ein bestimmtes Zeitlimit für ihren Umgang mit dem Internet. Ich habe eine bestimmte Software-Firma entdeckt, die es Eltern ermöglicht, die Zeit im Internet für ein Belohnungssystem zu benutzen. Sie können Minuten hinzugewinnen, wenn sie ihre Pflichten erfüllen und im Haushalt mithelfen. Mir gefällt die Idee, zehn Minuten fürs*

Bettmachen, zehn Minuten für Abwaschen und zwanzig Minuten fürs Staubsaugen usw. zu geben.

6. *Ich dulde in meinem Haus keinen Computer an einer Stelle, die nicht allen zugänglich ist.*
7. *Ich gehe nicht ins Bett, wenn mein Kind am Computer oder am Smartphone sitzt.*
8. *Schließlich beachte ich alle für die Kinder aufgestellten Regeln auch selbst. Ich möchte für meine Kinder ein Vorbild sein, dem sie in allen Lebensbereichen folgen dürfen, einschließlich meiner Vorbehalte und Warnungen in Bezug auf das Internet und die sozialen Medien.«*

Diese Mutter mag einigen Leuten übervorsichtig erscheinen. Doch wenn wir es in die eine oder andere Richtung übertreiben, ist es immer noch besser, zu *vorsichtig* als zu *nachsichtig* zu sein.

Eine durch digitale Pornografie zerstörte Familie

Im Januar 2012 veränderte sich das Leben von Melissa[89], *Tom und ihren Kindern für immer. Plötzlich kam die Polizei ins Haus, um ihren ältesten Sohn, den dreizehnjährigen Kyle, zu verhören. Auf Befragung gab Kyle zu, pornosüchtig zu sein und die sexuellen Grenzen gegenüber zweien seiner Geschwister und einem kleinen Jungen, der oft zu ihnen zu Besuch kam, auf gröbste Weise überschritten zu haben. Melissa und Tom waren äußerst erschüttert. Ihr Sohn wurde noch am selben Tag in eine Jugendstrafanstalt gebracht.*[90] *Er wurde des dreifachen sexuellen Missbrauchs angeklagt, wobei einer der Fälle besonders schwer wog.*

Melissa und Tom hatten ihre Kinder in der Ermahnung des Herrn erzogen. Sie hatten sie gelehrt, Recht von Unrecht zu unterscheiden, hatten für sie gebetet, hatten sie unterwiesen und, so gut sie konnten, beschützt. Niemals hätten sie gedacht, eines ihrer Kinder sähe sich Pornografie an oder ließe sich sogar dadurch verführen. Aber sie unter-

schätzten die Macht der Pornografie und auch, wie leicht sie zugänglich ist.

Kyle kam in Kontakt mit Pornografie und verfiel ihr sehr schnell. Er hatte sich ins Zimmer seiner Eltern geschlichen und ihren Laptop benutzt, der keinen Filter besaß. Auch hatte er bei seinen Freunden auf deren Smartphones Pornos angesehen. Oft ließ er seine Freunde mit ihren Geräten zu sich kommen. Sie hatten Melissa nach dem WLAN-Passwort der Familie gefragt, damit sie »christliche Musik« hören könnten. Sie hatte es ihnen aus Unwissenheit gegeben, weil ihr nicht klar war, dass die Smartphones das Passwort speicherten und ihnen automatisch Zugang ermöglichten, sooft sie zu Besuch kamen. Kyle konnte mit dem Gesehenen nicht umgehen. Er konnte die Bilder nicht aus dem Kopf bekommen und handelte entsprechend diesen Bildern.

Im Alter von dreizehn Jahren wurde Kyles Leben für immer verändert. Nach einer Zeit Hausarrest bei Verwandten ist er jetzt auf Bewährung und durchläuft ein intensives therapeutisches Zweijahresprogramm. Erst kürzlich wurde ihm der Kontakt zu einem seiner Geschwister erlaubt. Doch er darf erst nach Abschluss des Programms nach Hause zurückkehren. Sein Status als »jugendlicher Sexualstraftäter« wird ihn auf allen polizeilichen Führungszeugnissen für den Rest seines Lebens begleiten.

Nachdem Kyle gefasst worden war, wollte er seine Geschichte erzählen. Er begann damit, dass er darauf drängte, Melissa und Tom sollten seine Freunde und deren Eltern mahnen, vom Weg der Pornografie und der Pornosucht Abstand zu halten. Sein Hintergrund, dass er in Kenntnis der Liebe Christi erzogen wurde, hatte ihn nicht vor der Pornografie bewahrt … Aber es hat ihm geholfen bei allem, was seither geschehen ist. Er hat Gott auf seinen Knien um Rettung angefleht und ihn gebeten, dass seine zukünftige Lebensgeschichte eine deutliche Veränderung zum Besseren zeigen möge.

Kapitel 20

Wie viel Kontrolle ist zu viel?

Während das Kind heranwächst, wird ihm seine Privatsphäre immer wichtiger. Wenn man dem jungen Menschen erlaubt, eine Privatsphäre zu haben, zeigt man ihm, dass man ihm vertraut und ihn respektiert. Aber ein solches Vertrauen und solcher Respekt müssen verdient werden.

Eine Regel, die wir im McDowell-Haushalt aufstellten, war, dass die Kinderzimmer nicht verschlossen werden durften. Wir als Eltern durften aus nahe liegenden Gründen das Schlafzimmer abschließen, aber die Kinder durften das nicht. Trotzdem wollten wir unsere Kinder und ihren Bedarf an Privatsphäre respektieren. Obwohl wir sehr neugierig darauf waren, was unsere Kinder stundenlang in ihren Zimmern bei geschlossenen Türen machten, sagten wir, wir würden immer erst anklopfen, bevor wir ihre Räume betraten, weil wir ihre Privatsphäre respektierten.

Nachdem wir sehr oft vor geschlossenen Türen gestanden, geklopft und um Eintritt gebeten hatten, wussten unsere Kinder, dass wir vor dem Eintreten immer erst klopfen würden. Diese Regelung bewirkte bei unseren Kindern, dass sie uns umso mehr respektierten und uns vertrauten.

Aber wie geht man mit der Facebook-Seite seines Kinds um? Gehören die E-Mails der Kinder auch zu deren Privatsphäre? Und sollten Sie Zugriff auf die Text-Nachrichten oder E-Mails Ihres Kindes haben? Unsere Antwort ist: *Definitiv!* Sie müssen Zugriff auf alle Seiten Ihrer Kinder in den sozialen Netzwerken haben. Das Zimmer Ihres Kindes ist etwas anderes als seine Facebook-Seite. Facebook, E-Mails und alle anderen Seiten in den sozialen Medien, die Ihr Kind benutzt, müssen für Sie erreichbar sein. Die kindlichen Online-

Aktivitäten zu überwachen, gehört nicht nur zu Ihren elterlichen Rechten und Verpflichtungen – es ist Ihr Mittel, sie zu beschützen.

Allerdings sollten Sie – wie bei der Tür zu seinem Zimmer – in den digitalen »Raum« Ihres Kindes nicht plötzlich hineinplatzen, sondern mit Ihrem Sohn oder Ihrer Tochter verhandeln, wie Sie Zugriff auf deren Seiten bekommen können. Anstatt in ihren »Raum« einzubrechen, versuchen Sie mit Ihrem Kind eine Lösung zu finden, bei der Vertrauen und Respekt weiterhin aufrechterhalten bleiben. Fordern Sie resolut alle seine Passwörter und Benutzernamen oder helfen Sie ihm zu verstehen, dass Sie ein Teil seiner Welt sein möchten. Anstatt jüngeren Söhnen oder Töchtern ein Smartphone zu geben, sollten Sie überlegen, ob Sie ihnen ein Telefon ohne Internetzugang schenken. Sehen Sie zu, dass Sie mit Ihren Kindern zu einem Einvernehmen kommen, und dann erinnern Sie sich daran, immer erst an die »Tür« Ihres Kindes zu klopfen, bevor Sie eintreten.

Kapitel 21

Wie gehe ich mit der »ersten Liebe« meines Kindes um?

Erinnern Sie sich noch an Ihre »erste Liebe«? An das erste Händchenhalten? Denken Sie noch manchmal daran, dass die Welt beinahe unterzugehen schien, als der oder die eine, die Sie »liebten«, Sie nicht mehr »liebte«? Rückblickend mag uns das alles ziemlich dumm erscheinen, aber damals war es bitterernst.

Irgendwie scheinen viele Eltern vergessen zu haben, wie bedeutsam solche Gefühle damals für sie waren. Natürlich war das keine reife, durchtragende Liebe. Aber damals wussten wir das nicht, oder? Und wenn damals jemand versucht hätte, uns zu erzählen, das sei keine wahre Liebe, hätten wir uns herabgesetzt und nicht ernstgenommen gefühlt. So geht es unseren Kindern heute noch.

Wenn die Kinder heranwachsen, wollen sie von uns für reif genug gehalten werden, eigene Entscheidungen treffen zu können (egal, wie alt sie sind). Es bringt einfach nichts, ihr Leid und Herzschmerz als Dummheit abzutun. Natürlich werden sie dem ganz sicher entwachsen und im Rückblick sogar darüber lachen. Aber in dem Augenblick wollen sie nichts davon hören. Unsere Haltung ihrer »ersten Liebe« gegenüber wird sie entweder davon überzeugen, dass wir uns um sie kümmern und sie verstehen oder dass wir von ihrer Welt keinen blassen Schimmer haben.

Wenn wir merken, dass unsere Kinder Liebeskummer haben, sollten wir sie nicht hänseln oder ihre Gefühle geringschätzen, sondern darin eine ideale Gelegenheit sehen, uns positiv mit ihnen zu unterhalten. Jetzt ist es an der Zeit, die ersten Liebeserfahrungen unserer Kinder ernst zu nehmen und ihnen nicht zu vermitteln, sie seien nicht von Bedeutung und nur kindisch.

Nehmen Sie sich die Zeit zu erklären, dass auch Sie diese Gefühle einmal erlebt haben und dass sie ein deutliches Zeichen dafür sind, dass Ihr Kind erwachsen wird. Nutzen Sie die Chance, um über das zu reden, was wahre Liebe ist (vgl. Kapitel 3). Vermitteln Sie große Begeisterung: »Erzähl mir davon!« Oder: »Ist das nicht aufregend, dass du anfängst, jetzt solche Gefühle zu empfinden?« Indem Sie Ihre Kinder in dieser Phase unterstützen, zeigen Sie ihnen sehr deutlich, dass es Ihnen um das geht, was ihnen wichtig ist, und dass Sie für Ihre Kinder da sind. Wenn sie Ihnen gegenüber ihre Gefühle jetzt zeigen, werden sie höchstwahrscheinlich auch später Ihre Unterstützung immer wieder suchen.

Gehirnspezialisten am *University College London* untersuchten die Gehirne junger Liebender, während sie an ihre Freunde oder Freundinnen dachten, und entdeckten, dass vier separate Gehirnabschnitte sehr aktiv wurden. »Das bestätigt die Ansicht, dass Verliebtsein ein allumfassendes Gefühl ist, das beinahe jeden Teil des Geistes und des Körpers in Anspruch nimmt.«[91]

Die *National Campaign to Prevent Teen and Unplanned Pregnancy* erfasst Stellungnahmen von Teenagern und veröffentlicht sie in einer Sammlung mit dem Titel »Talking Back«. Ein Teenager sagt darin: »Redet mit uns ehrlich über Sexualität, Liebe und Beziehungen. Nur weil wir jung sind, bedeutet das nicht, dass wir uns nicht verlieben könnten … Diese Gefühle sind sehr real und mächtig für uns. Helft uns, mit diesen Gefühlen auf sichere Weise umzugehen – ohne verletzt zu werden oder andere zu verletzen.«[92]

Nur wenn wir die tatsächlichen Gefühle unseres Kindes ernst nehmen, wird es sich auch geschützt, verstanden und geliebt fühlen.

Kapitel 22

Welche Regeln und Grenzen setze ich meinem Kind?

Regeln sind wichtig. Grenzen sind notwendig. Wir müssen sie für unsere Kinder setzen. Aber es ist wichtig, daran zu denken, dass Regeln ohne Beziehungen oft zu Rebellion führen. Setzen Sie daher alle Regeln und Grenzen innerhalb des Kontextes einer liebenden Beziehung zu Ihrem Kind. Vielleicht möchten Sie die Kapitel 3, 4 und 5 noch einmal lesen, bevor Sie Ihrem Kind Grenzen setzen.

Wir sagten bereits: Wenn Gott irgendwann Nein sagt oder uns Grenzen setzt, dann tut er das nur aus zwei liebevollen Beweggründen: Er will für uns sorgen, und er will uns beschützen. Wenn Sie für Ihre Kinder in Bezug auf Sexualität Regeln und Grenzen aufstellen, dann lassen Sie sie wissen, dass Sie das ebenfalls aus liebenden Beweggründen tun.

Ich (Josh) habe in dem »Bild vom Regenschirm« eine gute Möglichkeit gefunden, das vorsorgende und beschützende Wesen von Regeln zu erklären. Ich erkläre meinen Kindern, Regeln seien wie ein Schirm. »Wenn es draußen regnet, nimmst du einen Schirm. Solange du unter dem Schirm bist, stehst du unter seinem Schutz und genießt die Vorteile: Du wirst vor dem Regen beschützt und bleibst trocken. Aber wenn du eigenwillig aus dem Schutz des Schirmes heraustrittst, hast du dich selbst des Schutzes und der Vorsorge beraubt und musst die Konsequenzen dafür tragen. Du wirst nass. Deine Entscheidung hat Folgen.«

Es ist wichtig, dass unsere Kinder begreifen, dass wir jede Grenze nur aus Liebe zu ihnen setzen, weil wir uns um sie sorgen und sie beschützen wollen. Von dieser Grundlage ausgehend können wir einige sehr gute Grenzen setzen. Wir schlagen fünf vor:

1. Grenzen für Dates

Eine große Frage, der wir uns als Eltern stellen müssen, ist diese: Wann erlauben wir unseren Kindern Verabredungen mit dem anderen Geschlecht? Viele amerikanische Jugendliche beginnen damit schon sehr früh, etwa mit elf oder zwölf Jahren. Aber nur, »weil das alle machen« – was im Alter von elf oder zwölf Jahren nicht der Fall ist –, ist das kein Grund, dass wir es unseren Kindern dann schon erlauben sollten.

Die Zeit, Ihren jungen Leuten zu erlauben, sich mit dem anderen Geschlecht zu verabreden, ist erreicht, wenn Sie als Eltern darauf vertrauen können, dass sie reif genug sind, damit verantwortungsbewusst umzugehen. Das heißt, Ihr Jugendlicher ist bereit, die moralischen Standards aufrechtzuhalten, die in Kapitel 3 erwähnt wurden, nämlich dass er sich der Reinheit, der Treue und der Entscheidung zu gottesfürchtiger Liebe verpflichtet weiß. Ein junger Mensch muss in der Lage sein, diese Standards klar zu artikulieren und sich an sie zu halten. Ist Ihr Jugendlicher nicht bereit, sich diesen Standards unterzuordnen, dann ist er auch nicht in der Lage, dem Druck vorehelicher Sexualität standzuhalten. Ein solcher Teenager sollte keinesfalls schon ein Rendezvous haben dürfen.

Ein anderes Thema ist der Altersunterschied zwischen den jungen Leuten, die miteinander ausgehen wollen. Die *National Campaign to Prevent Teen and Unplanned Pregnancy* rät zu Recht dringend davon ab, »dass Ihre Tochter mit einem deutlich älteren jungen Mann ausgeht. Erlauben Sie auch Ihrem Sohn keine intensive Beziehung zu einem Mädchen, das weit jünger ist als er«.[93] Sagen Sie dann:

> *»Ältere Jungen mögen einem jungen Mädchen zauberhaft erscheinen. Aber wenn der Junge viel älter als das Mädchen ist,*

nimmt die Gefahr, dass die Dinge außer Kontrolle geraten, zu. Versuchen Sie, eine Grenze bei nicht mehr als zwei (allerhöchstens drei) Jahren Altersunterschied zu setzen. Allein der Kräfteunterschied zwischen älteren Jungen und jüngeren Mädchen könnte das Mädchen in eine gefährliche Lage bringen, einschließlich ungewolltem Sex.«[94]

Eltern sollten maßvolle, nachvollziehbare Regeln aufstellen und ihre Teenager sorgfältig beobachten. So sinkt die Wahrscheinlichkeit, dass sie sexuell aktiv werden.[95]

2. Grenzen für Unterhaltungsmedien

Untersuchungen zeigen, dass Teenager, die sexuelle Inhalte im Fernsehen *anschauen*, eher bereit sind, auch sexuell *aktiv* zu werden. »Teenager, die viel fernsehen, neigen zu einer negativen Haltung gegenüber vorehelicher sexueller Enthaltsamkeit, und Teenager, die sexuelle Inhalte für Realität halten, werden von diesen Inhalten stärker beeinflusst.« Im Licht dieser Aussagen bedenken Sie, dass der durchschnittliche Schüler 5000 Stunden ferngesehen hat, bevor er überhaupt zur Schule kommt.[96] Hinzu kommt, dass Kinder inzwischen das Internet als Unterhaltungsmedium dem Fernsehen vorziehen.[97]

In Bezug auf Zeit, Dauer und Ort muss der Nutzung von Unterhaltungsmedien unbedingt Grenzen gesetzt werden.

3. Grenzen für Alkohol und Drogen

Wir haben unseren Kindern immer wieder gesagt, dass Menschen ihre Fähigkeit zu richtigen moralischen Entscheidungen und verantwortlichem Handeln verlieren, wenn sie Alkohol und Drogen konsumieren. Denken Sie zum Beispiel an die Wirkung von Alkohol und

Drogen auf den Geschlechtsverkehr. Vor einigen Jahren zeigte der *Youth Risk Behavior Surveillance Report* Folgendes:

> Unter den im Augenblick sexuell aktiven Schülern berichteten 25,6 % (30,9 % der Jungen und 20,7 % der Mädchen), dass bei ihrem letzten Geschlechtsverkehr Alkohol oder Drogen im Spiel gewesen seien.
>
> Unter den augenblicklich sexuell aktiven Schülern gaben 25,4 % aus der zwölften Klasse, 24,7 % aus der elften Klasse, 27,7 % aus der zehnten Klasse und 24 % aus der neunten Klasse an, dass Drogen oder Alkohol beim letzten Geschlechtsverkehr im Spiel gewesen seien.[98]

4. Grenzen für das häusliche Alleinsein

Studien zeigen, dass Geschlechtsverkehr von Teenagern häufig dann stattfindet, wenn sie aus der Schule nach Hause kommen und ihre Eltern noch nicht von der Arbeit heimgekehrt sind. Setzen Sie Grenzen, dass kein Freund des anderen Geschlechts zu Hause sein darf, wenn kein Erwachsener anwesend ist. Vielleicht werden Ihre Kinder entsetzt fragen: »Wollt Ihr mich auf den Arm nehmen? Mama und Papa, vertraut ihr mir nicht?« Das ist dann genau der Augenblick, in dem Sie Ihr Kind wissen lassen dürfen, dass Sie es wirklich lieben, für es sorgen und es beschützen möchten.

Noch einige sehr praktische Worte von *Harvest USA*:

> *»Ein Schlafgast kann sich als Trojanisches Pferd für das Anschauen von Pornografie und für andere sexuelle Experimente erweisen. Bedenken Sie, dass andere (christliche) Familien die technischen Gefahren der elektronischen Medien möglicherweise nicht so ernst nehmen, wie Sie das tun. Stellen Sie sicher, dass Ihre Teenager einen klaren Plan haben, nach dem sie han-*

deln können, wenn sie sich in einer gefährlichen Situation befinden – zum Beispiel, dass sie zu Hause anrufen, um abgeholt zu werden.«

5. Grenzen für PC, Handy, Spiele und Internet

Mehr als die Hälfte der Internetzugriffe laufen nicht mehr über Computer, sondern über mobile Endgeräte (Smartphones, Tablets usw.). Viele Eltern verlangen, dass der Computer in einem für alle zugänglichen Teil des Hauses steht (und nicht im Schlafzimmer). Außerdem verlangen sie, dass alle Geräte, mit denen man ins Internet gehen kann, zur Bettgehzeit bei den Eltern deponiert werden.

Harvest USA ist ein christliches Werk, das Gemeinden und Familien hilft, ihren Kindern beizustehen, dem überall herrschenden sexuellen Druck widerstehen zu können. Es empfiehlt den Eltern:

»Lassen Sie Ihre Teenager wissen, dass Sie in Liebe über ihnen wachen, um ihren Wandel mit Gott vor den Gefahren der Technik zu beschützen. Erlauben Sie ihnen, Ihr Nachfragen und Kontrollieren als Hilfsmittel gegen den Gruppenzwang der Altersgenossen zu nutzen. Dann können sie sagen: ›Ich darf das nicht machen, weil ich weiß, dass meine Eltern das herausbekommen.‹ Das kann Schutzzäune aufbauen, die christliche Teenager nötig brauchen.«[99]

In manchen Kneipen im Wilden Westen bestand die Pflicht, den Revolver an der Tür abzugeben. Dadurch wollte man diesen Ort sicherer machen. Eine junge Mutter hatte den hilfreichen Gedanken, ihre Familie auf ähnliche Weise zu schützen, wenn die Freunde ihrer Kinder zu Besuch kamen. Ihr war klar, dass die Kinder Pornos auf ihren Smartphones gespeichert hatten und auch ohne Internetzugang anschauen konnten. Um also das Porno-Schauen in ihrem Haus zu verhindern, sammelte sie einfach alle Smartphones am Anfang ein, um sie am Ende wieder zurückzugeben, genauso wie es damals in den Saloons im Wilden Westen gemacht wurde.

Im Hinblick auf die Internet-Schutzprogramme rät *Harvest USA* dringend:

> *»Kaufen Sie hochwertige Filter-Software! Es ist unklug, einen Internet-Zugang zu haben, ohne bestimmte Seiten blockieren oder filtern zu können. Überlegen Sie, wie Sie jedes Familienmitglied, das Zugang zum Internet hat – Vater, Mutter und jedes Kind –, zu einem ›Rechenschafts-Programm‹ verpflichten können. So ein Programm ist zum Beispiel ›Covenant Eyes‹ (http://covenant-eyes.updatestar.com), das per E-Mail einen Bericht über unangemessene Internetanwendungen an einen ›Rechenschaftspartner‹ schickt. Sie selbst müssen als Vorbild Rechenschaft über Ihren eigenen Umgang mit dem Internet ablegen. Und dann können Sie auch als Empfänger der Rechenschaftsberichte über den Internetumgang Ihrer Teenager fungieren.«*[100]

Beachten Sie, dass es auch für mobile Geräte Filterprogramme gibt. In Kapitel 19 erwähnten wir verschiedene Schutzprogramme, auf die wir an dieser Stelle erneut empfehlend hinweisen.

Harvest USA empfiehlt außerdem:

> *»Überprüfen Sie regelmäßig die Internet-Chronik, die Chatverläufe und SMS auf dem Handy sowie die aufgerufenen YouTube-Videos. Kontrollieren Sie auch die Seiten der Internetplattformen wie Instagram, Facebook usw. und wer auf der Freundesliste Ihrer Kinder steht. Lernen Sie die Freunde kennen, mit denen Ihr Teenager online sogenannte MMPORGs (Massively Multiplayer Online Role-Playing Games) spielt. Seien Sie vorsichtig damit, Ihrem Kind ein Profil in sozialen Netzwerken zu erlauben, wo sich Teenager häufig eine zweite Persönlichkeit aufbauen, sich an die scheinbare Intimität im Internet gewöhnen oder Spaß daran*

finden, zu einer virtuellen Gemeinschaft zu gehören, von der die reale Welt ausgeschlossen bleibt.«[101]

Es gibt noch viele andere Grenzen, die Sie in Ihrer Familie setzen müssen. Eine entscheidende Grenze bezieht sich auf sexuellen Missbrauch, sei er körperlicher oder verbaler Natur. Eltern müssen ihren Kindern vermitteln, die sexuellen Körperteile anderer Menschen zu respektieren und sie nicht zu berühren – umgekehrt aber auch, dass die Kinder ihren Eltern unbedingt mitteilen müssen, wenn sie selbst von anderen an sexuellen Stellen berührt worden sind.

Solcher Art sind die Grenzen, die wir mit unseren Kindern und für sie aufstellen müssen. Erlauben Sie Ihren Kindern ausdrücklich, jedem (auch Familienangehörigen) Nein zu sagen, der in dieser Weise in ihre Privatsphäre eindringen will. Bestärken Sie sie immer wieder darin, dass es nicht nur in Ordnung ist, Nein zu sagen, sondern es auch wichtig ist, zu Ihnen zu kommen, wenn so eine Berührung stattgefunden hat.

Diese Grenzen sind der Schirm, von dem wir sprachen. Jede einzelne Grenze ist positiv zu sehen und wird zu einer Liebestat, die Ihr Kind beschützt und bewahrt. Vor allem aber lassen Sie Ihre Kinder wissen, dass Sie alles, was Sie unternehmen, deshalb machen, weil Sie sie liebhaben. Vielleicht gefallen Ihren Kindern diese Grenzen nicht oder sie können sie nicht nachvollziehen. Aber sie sollen auf jeden Fall wissen, dass Sie sie aus Liebe zu ihnen aufgestellt haben.

Kapitel 23

Wie realistisch ist die Annahme, dass mein Kind mit dem Sex bis zur Ehe wartet?

An der Autobahn in Los Angeles in Kalifornien stand ein riesiges Reklameschild. Darauf stand: »Wenn du Sex haben musst, trage ein Kondom.« Als ich (Josh) das sah, dachte ich: »Was meinen die mit ›Sex haben müssen‹?« Ist das unbedingt notwendig, um zu überleben? Muss ein Mensch Sex haben, so wie wir Wasser zum Leben brauchen?

Vor einigen Jahren war eine Frau, die sich Dr. Ruth nannte, in den Vereinigten Staaten und auch weltweit sehr populär als »Sex-Expertin«. Sie war eine kleine, ältere Frau, die aber frei heraus und oft sehr witzig reden konnte. Als Sprecherin in Universitäten war sie sehr beliebt.

Während einer Fragestunde an der *University of Cincinnati* fragte ein Student: »Dr. Ruth, was ist, wenn man nicht warten kann?« Sie antwortete: »Junger Mann, es wäre unrealistisch, von Ihnen anzunehmen, Sie könnten warten. Ihre Libido ist zu stark.« Die Menge brach in tosenden Applaus aus.

Im Licht dieser Antwort überlegen Sie sich folgende Frage: »Was ist, wenn meine Freundin keinen Geschlechtsverkehr will, ich aber wohl?« Ist es dann immer noch unrealistisch, von dem jungen Mann anzunehmen, er würde warten? Hat nicht Dr. Ruth gesagt: »Die Libido ist zu stark«? Würde das dann bedeuten, es sei unrealistisch, von einem Vergewaltiger zu verlangen, er könne warten?

Dr. Ruth mitsamt einer ganzen Generation junger Leute muss zur Kenntnis nehmen, dass wir menschliche Wesen sind, die im Bild Gottes erschaffen wurden. Wir sind keine Tiere, die von unbeherrschbaren Trieben und Instinkten bestimmt werden. Um sexuell aktiv zu werden, bedarf es einer *Entscheidung*. Ich bin mir sicher, dass Dr. Ruth samt dem ganzen Heer von anderen »Sex-Experten« zugeben würde, es sei durchaus realistisch für einen Mann, dass er warten und sich beherrschen könne, wenn ein Mädchen mit ihm keinen Sexualverkehr haben möchte. Es ist ihm außerdem ja per Gesetz verboten, sich einer Frau aufzudrängen!

Ist also die Libido eines Mannes zu stark oder ist sie es nicht? Unseren Kindern wird erzählt, dass, wenn eine junge Frau Sexualverkehr *wünscht*, die Libido des Mannes zu stark sei. Aber was ist, wenn sie das *nicht* will? Ist dann die Libido doch nicht zu stark? Verwirrend, oder? Diese Art Sex-Philosophie ist in sich nicht stimmig. Sie ist schlicht unlogisch. Wenn wir so an die Sache herangehen, wie können wir dann erwarten, dass die gleichen jungen Leute (denen man erzählt, sie könnten mit dem Sex nicht bis zur Ehe warten) innerhalb der Ehe treu sind? Wenn ein verheirateter Mann eine andere Frau findet, die mit ihm schlafen möchte, ist es dann nicht unrealistisch, dass er seiner Frau die Treue hält, weil ja seine Libido »zu stark« ist?

Wir müssen unseren jungen Leuten einschärfen, dass Reinheit *realistisch* ist und von Gott und einer moralischen Gesellschaft gefordert wird. Wir müssen mit unserem *Gehirn*, nicht mit unserem *Bauch* denken. Sexualität ist eine Angelegenheit von Entscheidungen, die Konsequenzen nach sich ziehen, seien sie positiv oder negativ.

Lakita Garth, die frühere *Miss Black* von Kalifornien, formulierte das einmal ausgesprochen drastisch:

»Vor einigen Jahren drehten wir einen Werbefilm. Es ging um ein Softgetränk von Fanta. Wir machten gerade Pause. Ein Mädchen, das ich nicht kannte, drehte sich zu mir um und fragte

mich: ›Na, Lakita, was macht dein Sexualleben?‹ Ich war platt, dass sie so dreist war, eine solche Frage zu stellen, und ich antwortete: ›Entschuldige, aber ich führe kein Sexualleben.‹

Darauf antwortete sie: ›Erzähl doch wenigstens von deinen letzten sexuellen Erfahrungen.‹ Ich antwortete: ›Nun, ich habe keine letzten sexuellen Erfahrungen.‹

Ihr fiel die Kinnlade herunter. Sie rief erstaunt: ›Ich kann einfach nicht glauben, dass du bei all den Jungen, die um dich herum sind, das nie gemacht hast! Meinst du nicht, dass du dadurch viel versäumt hast?‹

Ich sagte: ›Weißt du was? Du hast recht. Ich habe viel versäumt. Ich habe das prickelnde Gefühl am nächsten Morgen versäumt, aufzuwachen und mich zu fragen, ob der Schwangerschaftstest positiv ist. Ich habe es versäumt, an der Hand meiner besten Freundin in die Klinik zu gehen (weil mein Freund höchstwahrscheinlich nicht mitkommen will), weil ich schwanger bin. Alles, was er für mich will, ist eine Abtreibung. Und ich habe auch versäumt, mich zu fühlen wie eine meiner Zimmergenossinnen, die jedes Jahr um dieselbe Zeit unter Reuetränen an ein Kind denkt, das nie geboren wurde, weil sie es abgetrieben hat.

Auch habe ich versäumt, in einem Bett aufzuwachen und an die Decke eines AIDS-Hospizes zu starren wie ein guter Freund von mir, Rod. Rod meinte, er sei der wahre Mann! Er hat das ausgelebt, weil er der Lüge glaubte, alle würden es tun. Als Rod auf dem Sterbebett lag, bat er mich, meine Überzeugung niemals aufzugeben.

Du hast tatsächlich recht! Ich habe wirklich eine Menge verpasst!«[102]

Entscheidungen haben Konsequenzen. Wenn Ihre Kinder sich entscheiden, keinen Sex vor der Ehe zu haben und später in ihrer Ehe treu zu sein, dann werden sie einmal Gott danken, eine Menge an Schmerzen und Kummer versäumt zu haben. Somit ist es nicht unrealistisch, dass unsere jungen Leute die richtigen moralischen Entscheidungen treffen. Wir müssen ihnen deutlich sagen, dass sexuell rein zu leben und treu zu sein das ist, was Gott uns befiehlt. Wenn wir seinen Geboten folgen, dann wird er auch für uns sorgen und uns beschützen.

Kapitel 24

Wie kann ich mein Kind dazu erziehen, mit dem anderen Geschlecht richtig umzugehen?

Macht es Ihnen Sorgen, dass so viele junge Leute so gut wie keine moralischen Grenzen mehr kennen? Waren Sie einmal in der Stadt und haben gesehen, wie sich heute Zwölf-, Dreizehn- oder Vierzehnjährige dort aufführen? Es ist, als habe ihnen niemand moralische Grenzen aufgezeigt oder beigebracht, wie man sich dem anderen Geschlecht gegenüber benimmt. Wie bringen Sie Ihre junge Tochter oder Ihren Sohn dazu, so aufzuwachsen, dass sie das andere Geschlecht angemessen behandeln? Wenn Sie Ihre Kinder von klein auf lehren, das andere Geschlecht zu respektieren, wird ihnen das in vielfacher Hinsicht helfen, ein moralisch reines Leben zu führen.

Am erfolgreichsten kommunizieren Sie das, indem Sie ihnen Liebe und Respekt in der eigenen Ehe vorleben. Kinder beobachten unser Benehmen und unsere Handlungen und lernen Respekt oder Respektlosigkeit dadurch, wie wir einander behandeln.

Es mag Ihnen eigenartig vorkommen, aber am eindrücklichsten bringen Sie Ihrer jungen Tochter bei, wie sie das andere Geschlecht respektieren und behandeln soll, indem ihr Vater sie ausführt. Dadurch lernt sie, welchen Standard sie beim Ausgehen im Allgemeinen erwarten darf. Das machte auf unsere eigenen Töchter einen äußerst positiven Eindruck. Kelly, unsere Älteste, schreibt darüber:

»Als ich noch jung war, lud unser Vater meine Schwestern und mich manchmal zu einem Date ein und erzählte uns: ›Wenn euch ein Junge nicht so behandelt wie ich euch behandle, dann müsst ihr ihm aus dem Weg gehen.‹ Gewöhnlich öffnete er uns die Tür, war sehr höflich, sprach freundlich mit uns und wollte immer ein Vorbild dafür sein, wie ein Mann eine junge Frau respektieren sollte. Heute verstehe ich viel besser, was das für mich bedeutete. Das Ausgehen war eine Zeit für mich, um jemand kennenzulernen, nicht eine Zeit, in der ich zu irgendetwas gedrängt wurde. Durch dieses Ausgehen mit meinem Vater wollte er – ohne dass er es wörtlich ausgedrückt hätte – sicherstellen, dass ich mich durch nichts unter Druck setzen lassen würde, etwas zu tun, bei dem ich mich nicht wohlfühlte. Diese eine kleine Sache half mir, jedem Druck auszuweichen, meine Grenzen zu überschreiten.«

Wenn Sie als Vater mit Ihrer Tochter ausgehen, wird das ihre Messlatte für späteres Ausgehen mit jungen Männern prägen. Nehmen Sie sich die Zeit und planen Sie ein gelegentliches Vater-Tochter-Date oder eine Vater-Sohn-Verabredung. Gehen Sie zu einem schönen Essen aus oder unternehmen Sie gemeinsam eine Lieblings-Aktivität, über die sich Ihr Kind freut. Gehen Sie als Mutter mit Ihrem Sohn aus und machen Sie irgendetwas zusammen. Zeigen Sie ihm, wie eine Frau behandelt werden möchte. Die beste Weise, Ihren Kindern zu zeigen, wie das andere Geschlecht behandelt werden sollte, ist, es selbst vorzuleben. Auf diese Weise werden Sie ein Vorbild für Ihre Kinder, dem sie nacheifern können.

Kapitel 25

Was ist mit »Sexting« und was tut man dagegen?

Unter »Sexting« versteht man den Austausch von privaten (Nackt-) Bildern, Videos und sexuell anzüglichen Texten per Handy. Dies ist die Realität, der heutige Familien gegenüberstehen:

75 % der Zwölf- bis Siebzehnjährigen haben Handys, und 88 % davon schreiben Textnachrichten. Teenager schicken im Durchschnitt monatlich 3 146 Nachrichten, bei Kindern von neun bis zwölf Jahren sind es 1146 Nachrichten pro Monat.[103] Obwohl diese Statistik schockiert, ist sie doch nicht überraschend. Handys kleben überall an den Händen unserer Kinder, sei es in der Schule, zu Hause oder beim Einkaufen. Und sie sind das technische Werkzeug, mit dem Sexting betrieben wird. Wussten Sie, dass …

- … 20 % der Teenager schon nackte oder halbnackte Bilder oder Videos von sich selbst versandt oder gespeichert haben?
- … 39 % der Teenager sexuell erregende Botschaften verschickt haben?

Von denen, die schon sexuell erregende Botschaften verschickt haben, sagen …

- … 71 % der Mädchen und 67 % der Jungen, sie hätten diese Inhalte an ihren Freund oder an ihre Freundin verschickt.
- … 21 % der Mädchen und 39 % der Jungen, sie hätten diese Inhalte an jemanden verschickt, mit dem sie ausgehen wollten.

- … 66 % der Mädchen und 60 % der Jungen, sie hätten das zum Spaß getan oder um mit jemandem zu flirten.
- … 40 % der Mädchen, sie hätten sexuell erregende Botschaften oder Bilder einfach nur zum Spaß verschickt.[104]

Auch wenn Teenager denken, das Verbreiten von Nackt-Selfies sei nur »spaßiger Flirt«, so kann es sich dabei in Wirklichkeit um einen *Straftatbestand* handeln. Nach dem Gesetz kann nämlich sowohl das Erstellen als auch das Verschicken solcher Bilder als Verbreitung von Kinderpornografie (Bilder von Kindern unter vierzehn Jahren) bzw. Pornografie im Allgemeinen angesehen werden. Teenager neigen dazu, persönliche erotische Bilder für Privatsache zu halten, die niemand sonst zu sehen bekommt. Aber diese Bilder können ganz einfach per Internet weiterverbreitet werden.

Was können wir also tun?

Der Jugendspezialist Al Menconi gibt folgende praktische Anregungen:

> *»Überprüfen Sie sorgfältig, welcher Art die Texte sind, die Ihre Kinder auf ihrem Handy schreiben.*
>
> *Stellen Sie Regeln auf, wann und wo Textnachrichten versandt werden dürfen: niemals während der Mahlzeiten, nicht in der Schule und nicht auf Familienausflügen. Vor allem werden die Geräte über Nacht ausgeschaltet!*
>
> *Niemals dürfen die Kinder texten, wenn sie sich auf etwas anderes konzentrieren sollten. Dazu gehört auch das Schreiben während des Autofahrens – die Hälfte der Jugendlichen gibt zu, beim Fahren, im Gehen oder während einer Unterhaltung zu texten.*
>
> *Legen Sie Konsequenzen für Missbrauch fest, zum Beispiel für Beschimpfungen, unanständige Nachrichten, sexuelle Unter-*

haltungen usw. Das alles sind ›No-Gos‹. Worin besteht die Strafe? Nehmen Sie Ihrem Kind das Handy für eine Woche weg!

Wenn Sie befürchten, dass Ihre Kinder sich nicht an die Regeln halten, können Sie sich ihre Nachrichten einfach ansehen. Ja, das sieht wie Schnüffelei aus. Aber wir als Eltern müssen sicherzustellen, dass unsere Kinder diese machtvollen Technologien sicher und verantwortungsvoll bedienen.«[105]

Wir sollten das Phänomen des Sextings für Gespräche mit unseren Kindern über dieses Thema nutzen. Zwei häufige Gründe, weshalb sich unsere Kinder mit erotischen Texten beschäftigen, sind: Sie wollen ihre Sexualität ausdrücken (*obwohl* oder *weil* sie ihnen körperlich verboten ist), und sie wollen bei ihren Freunden etwas gelten. Während dieses so verwundbaren Lebensabschnitts sehnen sie sich danach, anerkannt zu werden. Wenn Sie Ihre Kinder über Sexualität belehren, helfen Sie ihnen, mit den neuen Gefühlen umzugehen. Nur so können sie lernen, diese Gefühle auf gesunde Weise auszudrücken, anstatt es auf unangebrachte Weise zu tun, wie es oft in der Schule, im Fernsehen oder Internet geschieht.

Kapitel 26

Wie helfe ich meinem Kind, sexuellem Druck standzuhalten?

Kinder von heute stehen unter enormem Druck, bereits vor der Ehe sexuell aktiv zu werden. Sie müssen verstehen lernen, dass Gott selbst die Sexualität erschaffen hat und dass Sexualität innerhalb von Grenzen gelebt werden soll. Dies müssen sie innerhalb von Beziehungen gelehrt bekommen (vgl. Kapitel 1-5). Aber es ist auch wichtig, unsere Kinder auszurüsten, dem zu erwartenden Druck und den drängenden Aufforderungen standzuhalten, denen sie höchstwahrscheinlich ausgesetzt sein werden.

Sozialer Druck und Gruppenzwang sind sehr starke Einflüsse im Leben unserer Teenager. Dem sexuellen »Komm, mach schon« können unsere Kinder nur schwer widerstehen, wenn sie nicht wissen, *wie* man widersteht – vor allem, wie sie mit der Reaktion der Gleichaltrigen umgehen, wenn diese merken, dass sie nicht mitmachen.

Helfen Sie den jungen Leuten, folgende Aussagen zu verstehen:

- Nicht alle »machen es«, selbst wenn es so scheint.
- Wenn sie Geschlechtsverkehr ablehnen, werden sie dadurch nicht prüde oder zu »Babys«. Es zeigt nur, dass sie sorgfältig das Für und Wider geprüft und die moralische Verkehrtheit und Schädlichkeit von Sex vor der Ehe erkannt haben.
- Sex macht aus keinem Jugendlichen einen Erwachsenen.
- Sex ist niemals ein Beweis oder Prüfstein für Liebe.
- Sex löst keine Beziehungsprobleme.
- Zunehmende Selbstachtung hilft, dem Gruppenzwang standzuhalten. Teenager, die genau wissen, wer sie sind, werden durch

Gruppenzwang nicht so leicht zu beeinflussen sein wie solche, die verzweifelt Anerkennung und Annahme suchen.
- Es gibt gute Antworten, die junge Leute geben können, wenn sie unter Druck gesetzt werden, etwas zu tun, was in Wahrheit nicht zu ihrem Guten dient.

Die folgenden Antworten auf den Druck der Mehrheit können für Ihren Teenager sehr hilfreich sein, wenn Sie ihn dabei Schritt für Schritt unterstützen. Nehmen Sie sich jeweils eine Antwort oder zwei vor und diskutieren Sie gemeinsam darüber. Sie können wirklich zum Durchbruch verhelfen.[106]

»Los, mach mit!«	Mögliche Antwort:
»Ach komm schon, alle machen das!«	»Das ist mir egal. Ich bin nicht alle. Außerdem machen es gar nicht alle!«
»Wenn du mich liebtest, würdest du mit mir ins Bett gehen.«	»Wenn du mich liebtest, würdest du mich nicht dazu drängen, etwas zu tun, was ich nicht möchte.«
»Wenn du mich liebtest, würdest du mir erlauben …«	»Wenn du mich wirklich liebtest, würdest du mich nicht dazu drängen.«
»Wenn du es nicht machst, zeigt das, dass du mich nicht liebst.«	»Gerade durch das, was du sagst, zeigst du, dass du mich nicht liebst.«
»Wenn du keinen Sex mit mir willst, mache ich Schluss mit dir.«	»Wenn ich nur deine Freundin bin, wenn ich mit dir schlafe, will ich nicht deine Freundin sein.«

»Liebst du mich nicht?«	»Doch, aber ich respektiere dich auch. Du bist nett, und ich möchte dich als Person besser kennenlernen.«
»Sex verbindet uns besser.«	»Ich möchte mit dem Sex bis zur Ehe warten.«
»Warum willst du nicht mit mir schlafen?«	»Weil ich es nicht will!« (Keine weitere Erklärung nötig.)
»Alle machen das.«	»Dann sollte es nicht zu schwierig sein, jemand anderen zu finden.«
»Wir hatten doch schon Sex. Warum lässt du mich jetzt fallen?«	»Mir ist klar geworden, dass ich es anders machen muss. Das ist mein Körper, mein Leben, und ich möchte warten.«
»Na komm schon. Ich weiß, dass du es auch willst!«	»Nein. Nein. Nein! Oder kannst du das Wort nicht verstehen?«
»Deine Eltern sind die ganze Nacht weg. Lass uns zu dir nach Hause gehen!«	»Nach Hause gehen? Das geht nicht. Meine Eltern wollen nicht, dass ich Jungen einlade, wenn sie nicht zu Hause sind.«
»Lass mich einen Mann aus dir machen!«	»Was hat Sex damit zu tun, ein Mann zu sein?«
»Alle deine Freunde machen das.«	»Dann geh zu einem meiner Freunde.«
»Niemand will ein unerfahrenes Mädchen heiraten.«	»Dann bin ich eben die Ausnahme.«
»Du weißt gar nicht, was du verpasst.«	»Ich glaube, dass wissen wir beide nicht.«

»Ich kann mich nicht beherrschen.«	»Wenn du dich jetzt schon nicht beherrschen kannst, was willst du später machen?«
»Ich liebe dich so sehr.«	»Liebst du mich genug, um warten zu können?«
»Es passiert einfach so.«	»Sex passiert nicht einfach so. Es ist eine Entscheidung. Vergiss das niemals!«
»Es ist so schön.«	»Es ist so schön, dass es sich lohnt, bis zur Ehe darauf zu warten.«
»Aber wir sind verlobt … Zählt das gar nicht?«	»Verlobung ist keine Ehe. Erst die Ehe ist eine richtige, verbindliche Beziehung.«

Kapitel 27

Wie findet ein sexuell aktiver junger Mensch ein reines Herz für einen Neustart?

Oftmals fühlt sich ein junger Mensch, der sexuell aktiv ist, schuldig, voller Scham und hat das Gefühl, völlig wertlos zu sein. Dann haben Sie die Möglichkeit und das große Vorrecht, ihn zu der Erfahrung der göttlichen Vergebung zu führen.

Während sexuelle Sünden im Allgemeinen zwischen zwei Personen geschehen, richtet sich doch das Hauptvergehen gegen *Gott*. König David schrie in seiner Angst zu Gott: »Gegen dich, gegen dich allein habe ich gesündigt, und ich habe getan, was böse ist in deinen Augen« (Psalm 51,6). Warum hat David das gesagt? Worin bestand seine Sünde?

Gott ist so gnädig, uns überall in der Bibel Beispiele von gottesfürchtigen Leuten zu geben, die sehr grob gegen ihn gesündigt haben. David war der »Mann nach dem Herzen Gottes«, aber er beging Ehebruch mit einer Frau namens Bathseba, schwängerte sie und tötete dann ihren Ehemann, indem er ihn ganz vorn an die Front gegen die Feinde stellte. Während sich David gegen Bathseba und ihren Mann verging, sündigte er letztendlich jedoch gegen Gott. Warum?

Gott hat uns für sich selbst erschaffen, um in vollkommener Freundschaft mit ihm zu leben, seinen Geboten zu gehorchen und ihn dadurch zu erfreuen, dass wir ihm vertrauen und ihm gehorsam sind. Wenn wir sündigen, überführt er unsere Herzen und lässt uns die Schuld erkennen.

Es ist göttliche Gnade, die uns Schuld und Scham empfinden lässt, wenn wir sündigen, weil beides uns dazu bringt, die Vergebung zu suchen, die Gott gerne gibt. Die Bibel sagt: »Wenn wir unsere Sünden bekennen, so ist er treu und gerecht, dass er uns die Sünden vergibt und uns reinigt von aller Ungerechtigkeit« (1. Johannes 1,9).

Es ist wahr, dass wir alle für unsere Sünden Strafe verdient haben. Aber die Bibel sagt: »Er [Gott] hat uns nicht nach unseren Sünden getan und uns nicht nach unseren Ungerechtigkeiten vergolten. Denn so hoch die Himmel über der Erde sind, ist gewaltig seine Güte über denen, die ihn fürchten; so weit der Osten ist vom Westen, hat er von uns entfernt unsere Übertretungen« (Psalm 103,10-12). Warum sagt Gott »so weit der Osten ist vom Westen« anstatt »so weit der Norden ist vom Süden«? Weil »vom Osten bis zum Westen« ein hebräischer Ausdruck für »unendlich« ist. Wie weit der Norden vom Süden entfernt ist, kann man hingegen messen – es gibt ja den Nord- und den Südpol. Aber die Entfernung zwischen dem Osten und dem Westen kann man nicht messen. Ob man nach Osten oder nach Westen reist, immer könnte man die Himmelsrichtung beibehalten. Das ist ein wunderbares Bild, das wir jungen Menschen für Gottes Vergebungsbereitschaft geben können. Sagen wir ihnen, dass Gott stets bereit ist zu vergeben!

In dieser »Atmosphäre der Gnade« können Sie mit dem jungen Menschen folgende sieben Schritte gehen, um ihn die Vergebung erleben zu lassen, die für ihn bereitsteht.

1. Sünde eingestehen. Der erste Schritt zur Vergebung besteht darin, seinem Verhalten den Namen zu geben, den es hat: Sünde. Helfen Sie, dem jungen Menschen begreiflich zu machen, dass es Sünde war, etwas, was außerhalb des göttlichen Willens geschah. Etwas als Sünde zu erkennen, ist die Grundvoraussetzung für Vergebung.

2. Sünde bekennen. Die Bibel sagt: »Wenn wir unsere Sünden bekennen, so ist er treu und gerecht, dass er uns die Sünden vergibt und uns reinigt von aller Ungerechtigkeit« (1. Johannes 1,9). Was bedeutet es, Sünde zu bekennen? Es bedeutet, mit Gott in zwei Punkten übereinzustimmen: *Erstens* sagen wir damit zu Gott: »Ja, es war

Sünde.« *Zweitens* erkennen wir damit an, dass Gott gerecht ist, wenn er unsere Sünden vergibt.

3. Gottes Vergebung annehmen. Haben Sie jemals gehört, dass jemand seine Sünden anerkennt und sie ehrlich bekennt, dann aber doch enttäuscht fortgeht, voller Zweifel, ob Gott wirklich vergeben hat? Gottes Vergebung anzuerkennen und anzunehmen, ist ein unerlässlicher Schritt, den Ihre Kinder gehen müssen. Wie können sie jemals zum Frieden über ihr Vergehen kommen, wenn sie nicht glauben, dass Gott ihnen vergeben hat?

Für viele sexuell aktive junge Menschen ist das ein harter Schritt. Trotz der göttlichen Verheißung in 1. Johannes 1,9, dass Gott Sünden vergibt, finden es junge Menschen, die außerhalb der Ehe Sexualverkehr hatten, oft schwer, dieser Verheißung zu glauben. Sie fühlen sich häufig minderwertig, ausgenutzt und der Liebe Gottes unwürdig.

Helfen Sie diesem jungen Menschen zu begreifen, dass niemand von uns die Vergebung verdient hat aufgrund irgendeiner unserer *Taten* oder *Empfindungen*. Die Grundlage dafür, dass uns vergeben wurde, ist weder das Maß unserer Sünde noch das, was wir dafür empfinden. Die Grundlage für die Vergebung ist das *Opfer Christi*. Gott wusste, dass wir sündigen würden. So bestimmte er seinen Sohn, Jesus Christus, Mensch zu werden und an das Kreuz zu gehen. Am Kreuz rief der Herr Jesus: »Es ist vollbracht!« Nach seiner Auferstehung war alles getan, was nötig war, damit uns vergeben werden konnte. Wenn unsere Kinder Gottes Vergebung für ihre sexuellen Sünden annehmen, stimmen sie damit überein, dass Gottes Gnade – gegründet auf den Tod und die Auferstehung Christi – ausreichend für die Vergebung aller ihrer Sünden ist.

4. Schuldgefühle dankbar ablegen. Oftmals werden Leute zwar ihre Sünden bekennen und auch anerkennen, dass Gott ihre Sünden vergeben hat. Aber sie fühlen sich selbst nach wie vor schuldig und schlecht. Unseren Kindern mag es genauso ergehen. Nach sexuellen

Sünden gehen manche mit einem Schuldgefühl durchs Leben, das nicht von Gott kommt, sondern selbst produziert ist.

Wir sollten ein liebendes, vergebungsbereites Umfeld schaffen und unsere Kinder daran erinnern, dass auch Christus ihnen vergeben hat. Helfen Sie ihnen zu verstehen, dass die Schuldgefühle, die sie vielleicht haben, falsche Schuldgefühle oder Selbstverurteilungen sind. Wir überwinden solche Selbstverurteilungen durch ein dankbares Herz. Bringen Sie Ihr Kind dazu, Gott für seine liebevolle Vergebung zu loben und zu danken. Ein dankbares Herz kann Gottes Gnade in einem solchen Maß empfangen, dass das Gefühl der Selbstverurteilung völlig beseitigt wird.

5. Der Buße würdige Frucht bringen. Nur selten hören Sie jemand über diesen fünften Punkt predigen. Und doch gehört er zu den entscheidendsten Erfahrungen der göttlichen Vergebung und der erneuerten Beziehungen, vor allem auf sexuellem Gebiet. Die Bibel sagt: »Bringt nun der Buße würdige Frucht« (Matthäus 3,8). Wir müssen unsere Kinder ermutigen, nicht nur den Schritt zu tun, die Vergebung für ihre sexuellen Sünden in vollem Maß anzunehmen, sondern nun auch tägliche Entscheidungen zu fällen, die ihrer Umkehr entsprechen. Buße ist ein *Willensakt* und bedeutet nicht nur, sich von der Sünde abzuwenden, sondern auch, aktive Schritte zu unternehmen und positive Beziehungen zu Gott und Mitmenschen aufzubauen.

6. Einer anderen Person Rechenschaft ablegen. Jeder von uns sollte eine andere Person haben, die uns um Christi willen liebt und der wir vertrauen. Diese Person sollte erkennen können, ob sexuelle Unmoral oder Unreinheit in unserem Leben ist, und verlangen, dass wir ihr Rechenschaft darüber ablegen. Wir brauchen einander – ein Mädchen braucht eine andere weibliche Person und ein Junge einen anderen jungen Mann.

Ermutigen Sie junge Menschen, einen reifen Christen zu finden, dem sie verantwortlich sind und dem gegenüber sie regelmäßig Rechenschaft ablegen.

7. Personen, an denen man schuldig geworden ist, um Vergebung bitten. Immer, wenn wir uns außerhalb der Ehe körperlich mit jemandem verbunden haben, sündigen wir auch gegenüber dieser Person. Ermutigen Sie Ihren jungen Menschen, zu dieser Person hinzugehen und sie wegen des Vorgefallenen um Vergebung zu bitten. Das kann dieser Beziehung Heilung schenken und sie auf ein höheres und reineres Niveau heben.

Gott überführt uns und unsere Kinder von Sünde, weil er uns liebt. Wenn unsere Kinder sündigen, haben wir als Eltern die Möglichkeit, ihnen zu dienen, indem wir mit ihnen zusammen diese sieben Schritte zur Vergebung gehen.

Kapitel 28

Was sage ich zu Oralsex?

Beim Thema Oralsex gibt es eine große Verwirrung. Kann man Oralsex wirklich als Geschlechtsverkehr bezeichnen? Kann man dadurch geschlechtskrank werden? Was sagt die Bibel darüber? Was können Eltern dagegen tun? Wir wollen diese Fragen beantworten.

Was ist Oralsex?

Man kann Sex definieren als »die Gesamtheit der Lebensäußerungen, Verhaltensweisen, Empfindungen und Interaktionen von Lebewesen in Bezug auf ihr Geschlecht«. Führt oraler Sex zur Erregung, Stimulation und Befriedigung der Sexualorgane? Die Antwort ist: Ja. Der Körper reagiert beim Oralsex genauso wie beim Geschlechtsverkehr. Die Hormone werden angeregt, die Geschlechtsorgane reagieren darauf, das Gehirn wird von neurochemischen Stoffen überschwemmt, die wie ein starker Klebstoff wirken, der an den Partner bindet. Man erhält einen gewaltigen Schub von Dopamin, welches bewirkt, dass man sich danach sehnt, immer häufiger in diesen Zustand zu geraten. Der Körper denkt, es sei Sex, der Verstand denkt, es sei Sex, und das Herz denkt, es sei Sex. Die folgenden vier Arten körperlichen Kontakts werden als Sex betrachtet, weil sie alle die gleichen körperlichen und chemischen Reaktionen im Körper hervorrufen:

1. oral-genital (Oralsex)
2. manuell-genital (sexuelle Berührung, »Petting«)
3. genital-genital
4. Penetration

Alle vier Situationen bewirken eine starke Bindung zwischen den Partnern und bergen das Risiko einer Infektion mit Geschlechtskrankheiten. Wenn ein Mensch eine dieser Aktivitäten betreibt, wird er als sexuell aktiv angesehen.

Was denken Jugendliche über Oralsex?

80 % der befragten Jugendlichen einer Studie glauben, dass oraler Sex nicht bedeutet, man habe »Sex mit jemandem gehabt«.[107]

Die Hälfte aller Teenager zwischen fünfzehn und siebzehn Jahren glauben nicht, dass Oralsex wirklich Sex sei.[108]

Viele Jugendliche halten oralen Sex für einen sicheren Weg, einige sexuelle Freuden genießen zu können, ohne sich in gleicher Weise schuldig zu fühlen.[109] Außerdem meinen sie, dadurch ihre Jungfräulichkeit zu bewahren.[110]

40 % der Jugendlichen halten oralen Sex für eine »sicherere« Form des Geschlechtskontaktes, wobei 20 % nicht wissen, dass auch dabei eine Geschlechtskrankheit übertragen werden kann.[111]

Wie viele Jugendliche haben Oralsex?

35 % der Jungen und 43 % der Mädchen im Alter von fünfzehn bis neunzehn Jahren haben schon einmal *aktiven* Oralsex betrieben.

41 % der Jungen und 47 % der Mädchen im selben Alter haben schon einmal *passiven* Oralsex erlebt.[112]

Erweitert man die Altersgrenze auf 24, geben 80 % der männlichen und 81 % der weiblichen Jugendlichen an, schon einmal Oralsex betrieben zu haben.[113]

Nur 6,5 % der Jungen und 5,1 % der Mädchen der befragten Jugendlichen beließen es bei Oralsex, sondern der Großteil ging danach zum Geschlechtsverkehr über.[114]

Warum haben Jugendliche Oralsex?

Schüler fühlen sich durch Gruppenzwang zum Oralverkehr genötigt. Mehr als 92 % der Teenager sind der Ansicht, auf der Highschool sei es gut, jungfräulich zu bleiben.[115] Und in den Augen vieler Teenager ist es möglich, jungfräulich zu bleiben, obwohl man Oralverkehr betreibt. Ein Viertel der sexuell aktiven Jugendlichen berichten, sie sähen im Oralverkehr eine Methode, Geschlechtsverkehr zu vermeiden.[116]

Oralverkehr ist so verbreitet unter Teenagern, dass viele ihn als selbstverständlich betrachten. Zweifellos spielt Gruppenzwang dabei eine wichtige Rolle. Die Jungen sind oft die Initiatoren, aber auch immer mehr Mädchen nehmen bereitwillig daran teil. Mädchen mit geringerem Selbstbewusstsein willigen oft in den Oralverkehr ein, um in der Gruppe bleiben zu können oder weil sie verhindern wollen, dass ihr Freund sie verlässt.

Können durch Oralverkehr Geschlechtskrankheiten übertragen werden?

Durch Oralverkehr können Krankheiten wie Gonorrhö, Syphilis, Herpes und HPV übertragen werden.[117]

Wenn jemand im Laufe seines Lebens Oralverkehr mit fünf oder mehr Personen hat, steigt das Risiko, Kehlkopfkrebs zu bekommen, um das 2,5-Fache.[118] Das Risiko steigt um das 4,5-Fache für Menschen, die mit mehr als sechs Partnern Oralverkehr hatten.[119]

Wenn jemand eine HPV-Infektion im Mundbereich gehabt hat, steigt das Risiko von Kehlkopfkrebs um das 32-Fache.[120]

Was können Eltern unternehmen?

Als Erstes können Sie klarstellen, was Sex bedeutet. Belehren Sie Ihre jungen Leute über die Gesundheitsrisiken beim Oralverkehr und weisen Sie sie auf die Langzeitfolgen für ihr Ansehen und ihr Selbstwertgefühl hin. Es bringt bleibende Folgen mit sich, und wer Oralsex als Alternative zum Geschlechtsverkehr wählt, wird die Erinnerung an diese sexuellen Begegnungen niemals aus seinem Gedächtnis löschen können.

Gottes Plan für uns ist nicht, sexuell aktiv zu sein und gleichzeitig doch »unsere Jungfräulichkeit zu bewahren«. Erklären Sie immer wieder Gottes Absichten mit der Sexualität. Reden Sie mit Ihren Kindern über den dafür bestimmten Rahmen und den Zweck, so wie wir es im ersten Teil dieses Buches beschrieben haben. Im Epheserbrief schreibt Paulus: »Hurerei und alle Unreinheit … werde nicht einmal unter euch genannt, wie es Heiligen geziemt« (Epheser 5,3). Gott gibt uns nicht die Erlaubnis, einige sexuelle Aktivitäten außerhalb der Ehe zu betreiben, um andere zu vermeiden. Er ruft uns vielmehr dazu auf, *alle* sexuelle Unreinheit zu fliehen. Er tut das, um uns zu schützen und uns in der Ehe die Möglichkeit zu einem Höchstmaß an sexueller Freude und Intimität schenken zu können.

Kapitel 29

Wie bewahrt ein gesundes Selbstwertgefühl mein Kind vor vorehelichem Sex?

Hier folgen die Erkenntnisse zweier Jungen:

»Ich brauchte vorehelichen Sex, um mit meinem Mangel an Selbstbewusstsein fertigzuwerden. Jedes Mal zeigte ich mir dadurch, dass ich ein Mann war, und ich hatte dann im Umkleideraum etwas zu erzählen.«

»Es ging mir um die Aufmerksamkeit der Mädchen und um meinen Wert als Mann. Die Aufmerksamkeit, die ich von der jungen Dame erhielt, war für mich das Maß für meinen Selbstwert.«

Obwohl diese beiden Aussagen von jungen Männern stammen, erzählen junge Frauen ähnliche Geschichten. Sie werden sexuell aktiv, um ihren Wert zu beweisen und zu zeigen, dass sie attraktiv für das andere Geschlecht sind. Außerdem wird ihr Selbstbewusstsein gestärkt, wenn sie mit Gleichaltrigen über ihre Erfahrungen reden.

Manchmal werden junge Leute deshalb sexuell aktiv, weil sie dadurch ihre geringe Selbstachtung stärken. Wir neigen dazu, in Übereinstimmung mit dem zu handeln, wie wir uns selbst sehen. Die Vorstellung von uns selbst gleicht einer Linse, durch die wir unser ganzes Leben betrachten. Je nachdem, was wir durch diese Linsen sehen, treffen wir die Entscheidungen über das, was wir denken oder wie wir handeln.

Wenn zum Beispiel ein junges Mädchen selbst nicht viel von sich hält und dann den Gruppenzwang spürt, sich sexuell zu engagieren, kann sie beim Blick durch ihre verzerrenden Linsen schnell meinen: »Ich bin sowieso nicht viel wert. Was macht es also aus, wenn ich etwas Böses tue?« Eine solche junge Person handelt entsprechend ihrer geringen Selbsteinschätzung.

Wir leben in einer Kultur, die dem Kind beibringt, es sei nur so viel wert, wie es im Vergleich zu einer schönen Frau auf der Titelseite einer Zeitschrift äußerlich zu bieten hat. Dass man das Selbstbewusstsein von der äußerlichen Schönheit abhängig macht, lastet nicht nur auf unseren Mädchen, sondern auch auf unseren Jungen. Im Blick auf die Familien erinnert der Jugendforscher Rob Jackson uns als Eltern:

> *»Wir haben die Macht, unseren Kindern ihren unwandelbaren Wert bestätigen zu können, durch das, was Gott, der Vater, um ihretwillen geopfert hat: das Leben Jesu Christi. Was das Kind leistet und welche Wertschätzung es durch andere erhält, wird dann nicht länger die Messlatte für den Wert ihres Lebens darstellen. Was Christus für unser Kind getan hat und das Wohlgefallen des Vaters an dem Kind, das Christus angenommen hat, legt seinen Wert fest. Das muss nicht nur intellektuell, sondern auch gefühlsmäßig gelernt werden.«*[121]

Unsere Kinder sind etwas Besonderes – nicht, weil sie etwas Spektakuläres *getan* haben oder tun, sondern deshalb, weil Gott sie so *geschaffen* hat, wie sie sind, und weil er so viel für sie getan hat. Wenn Eltern diesen auf Gott gegründeten Wert ihren Kindern praktisch vorleben, hat das eine ungeheure Bedeutung für ihr Selbstwertgefühl.

Die *National Campaign to Prevent Teen Pregnancy* berichtet, dass Eltern und Familienglieder nicht entscheiden können, *ob* sie Einfluss auf die Entwicklung des Selbstwertgefühls ihrer Kinder und Familienangehörigen nehmen wollen – sie können nur entscheiden, ob sie das *gut* oder *schlecht* machen wollen.[122]

Vermitteln Sie Ihrem Kind, dass es ein wertgeschätztes Geschöpf Gottes ist. Lassen Sie es wissen, dass Gott es für wertvoll hält. Sprechen Sie die folgenden Wahrheiten oftmals vor ihm aus. Sagen Sie ihm: »Du bist etwas Besonderes und hast bei Gott großen Wert, denn er sagt es selbst. Und wenn du den Herrn Jesus im Glauben annimmst, dann gilt alles Folgende auch für dich:

Du bist geliebt (Johannes 3,16).
Du bist Gottes Kind (Johannes 1,12).
Du bist auserwählt (Epheser 1,4).
Dir ist vergeben worden (Epheser 1,7).
Du bist sein Meisterstück (Epheser 2,10).
Du bist sein Freund (Johannes 15,15).«

In einer Kultur, in der man nicht mehr weiß, was Wahrheit ist, in der Glaube mit Vernunft als unvereinbar dargestellt und in der die materialistische Wissenschaft als die einzige Basis für Wirklichkeit gehalten wird, brauchen unsere Kinder mehr denn je das Vertrauen in die *unveränderliche* Wirklichkeit, dass Gott ihr Schöpfer und auch ihr liebender Vater ist, wenn sie sich zu ihm bekehrt haben. Unsere Kinder sind versucht, ihren Wert von dem abzuleiten, was ihre *Freunde* von ihnen halten, und auch von ihrer Bildung, ihren Erfahrungen, Talenten und Fähigkeiten. Aber Sie als *Eltern* haben den größten Einfluss auf das Leben Ihrer Kinder. Lassen Sie Ihre Kinder oft merken, dass Sie sie wertschätzen, und erinnern Sie sie immer wieder daran, dass Gott sie liebt und für sie sorgt.

Die Beziehung, die Sie zu Ihren Kindern haben, ist einer der wichtigsten Schlüssel, um ihnen zu helfen, zu sexueller Betätigung Nein zu sagen.

Wenn die Beziehung gut ist, wenn Sie tatsächlich in Liebe verbunden sind, dann werden Ihre Kinder sehr wahrscheinlich ein gesundes Selbstbewusstsein haben und die Grenzen einhalten, die Sie für sie gesetzt haben. Wenn Sie Ihre Kinder im Kontext einer liebenden Beziehung unterweisen, helfen Sie ihnen, ein gesundes Selbstbewusstsein zu entwickeln und inmitten einer destruktiven Kultur standhaft zu bleiben.

Kapitel 30

Sechs Schritte, um weise Eltern zu werden, die mit ihren Kindern über Sexualität sprechen

In der heutigen Welt seine Kinder dahin zu erziehen, dem sexuellen Druck zu widerstehen, ist nicht einfach. Wir haben Ihnen in diesem Buch einige Tipps und Strategien dafür genannt und hoffen, dass Sie einige davon umsetzen können. Wie wir im ersten Abschnitt ausführten, ist die Grundvoraussetzung eine gute Beziehung zum Kind. *Wie* Sie mit Ihrem Kind umgehen, ist genauso wichtig, wenn nicht noch wichtiger, als *was* Sie mit ihm in dieser Sache unternehmen. So möchten wir unsere gemeinsame Reise damit abschließen, Sie auf sechs Schritte aufmerksam zu machen, wie sie weise Eltern werden können, die ihren Kindern eine gute Hilfe darin sind, mit Sexualität nach Gottes Willen umzugehen. Wir haben erlebt, dass diese sechs Schritte in unserer eigenen Familie funktioniert haben, und haben auch gesehen, wie effektiv sie für andere waren.

1. Seien Sie Eltern, die man fragen darf!

Selbst wenn sich dabei Ihr Magen manchmal umdrehen mag – seien Sie offen. Denn jede Frage, die Ihre Kinder stellen, ist wichtig. Wenn Ihre Kinder Ihnen Fragen stellen, haben Sie die Möglichkeit, sie zu leiten. Es ist wichtig, bei jeder Frage, die Ihre Kinder Ihnen stellen, so ruhig wie möglich zu bleiben und dann ehrlich und unvoreingenommen zu antworten.

Ein Beispiel: Als unsere Tochter Katie dreizehn Jahre alt war, fuhr ich (Josh) mit ihr und ihrer Freundin Sarah durch die Berge. Ich beobachtete sie im Rückspiegel, wie sie auf dem Rücksitz saßen, verstohlen zu mir blickten und dann wieder weiterflüsterten. Ich wusste, dass gleich etwas Besonderes kommen würde.

In der Tat, Katie sagte: »Papa, ich habe eine Frage, aber nichts Wichtiges.« Dann fragte sie etwas, was höchst wichtig war! »Papa, was ist Oralsex?« Ich wäre beinahe von der Fahrbahn abgekommen! Sie ging erst in die achte Klasse! Ich fühlte mich überrumpelt – durfte es aber nicht zeigen. So erklärte ich ihr genau, was es bedeutet. Als ich fertig war, rief sie aus: »Wie ekelhaft!«, und lehnte sich wieder zurück.

Ich machte mir einige Sorgen, wie dieses Gespräch bei Sarahs Mutter ankommen würde. Sobald ich zu Hause war, erzählte ich Dottie, was passiert war. Dann rief ich bei Sarahs Mutter an und erklärte, wie es zu diesem Gespräch gekommen sei, und berichtete alles, was ich gesagt hatte. Daraufhin blieb es am anderen Ende der Telefonleitung lange still, und ich dachte: »Oh nein, ich habe zu viel zu anderer Leute Kind gesagt!« Dann kam ein tiefer Seufzer, und sie sagte: »Gott sei Dank, dass sie *dich* gefragt haben!«

Seien Sie Eltern, die man fragen kann! Lassen Sie Ihre Kinder wissen, dass sie jederzeit über alles mit Ihnen reden dürfen. Selbst wenn Ihnen die Fragen Magenschmerzen bereiten, versuchen Sie, es die Kinder nicht merken zu lassen. Wenn sie Unbehagen bei Ihnen spüren, werden sie meinen, dieses Thema sei tabu. Aber wenn sie merken, dass Sie für Fragen offene Eltern sind, werden Sie die wunderbare Möglichkeit haben, Ihre Kinder auf den richtigen Weg zu führen und sie in ihrem sich entfaltenden Verständnis über Sexualität so zu leiten, wie Gott es geplant hat.

2. Seien Sie Eltern, die zuhören!

Wenn wir unseren Kindern aufmerksam zuhören, sagt ihnen das, dass sie für uns wichtig sind und dass wir hören wollen, was sie zu sagen haben. Sie können nicht offen für Fragen sein, wenn Sie nicht gelernt haben, gut zuzuhören.

Um Ihre Kinder darin zu bestärken, dass Sie gute Zuhörer sind, versuchen Sie, Ihre Arbeit ruhen zu lassen und Ihr fragendes Kind direkt anzuschauen. Das gelingt zwar nicht immer, aber wenn Sie sich so verhalten, signalisieren Sie, dass Sie wirklich hören wollen, was jetzt kommt.

Viele Eltern sagen uns, dass sie gute Zuhörer sein möchten, aber ihre Kinder würden einfach nicht viel mit ihnen reden. In einem solchem Fall kann man sie durch Fragen zum Sprechen bringen. Wenn Sie Ihren Kindern Fragen stellen, kann das …

- … ihnen Ihren Respekt zeigen und ihnen vermitteln, dass Sie ihre Aussagen schätzen.
- … Ihnen sofort zeigen, wie viel oder wie wenig die Kinder von einer Sache wissen.
- … Ihnen zeigen, ob ihr Wissen korrekt ist.
- … helfen, Aussagen oder Gesprächsthemen zu klären.
- … Ihnen Zeit schaffen, eine Antwort zu formulieren.
- … Ihnen helfen, den Reifegrad Ihres Kindes zu erkennen.

Die folgenden Fragen sind einige typische Beispiele, die Sie in einer Unterhaltung mit Ihrem Kind stellen können:

1. Hast du online schon einmal etwas gesehen, was dich peinlich berührt oder neugierig gemacht hat?
2. Wie kam das? Wie hast du dich dabei gefühlt?
3. Hat einer deiner Freunde schon mal zufällig oder absichtlich Pornografie angeschaut?
4. Was hältst du davon?

5. Was hast du schon darüber gehört?
6. Kannst du mir sagen, was du schon über … gehört hast?

Einfache Fragen wie diese eröffnen einen Dialog mit Ihrem Kind, und dann können Sie unter Beweis stellen, dass Sie wirklich ein guter Zuhörer sind.

3. Seien Sie Eltern mit Werten!

Wie wir bereits in Kapitel 4 feststellten, sind Beziehungen der fruchtbare Boden, in dem die Glaubensinhalte der jungen Leute wachsen können. Diese *Glaubensinhalte* wiederum bestimmen ihre *Werte*, aus denen wiederum ihre *Taten* hervorkommen. Ihre Kinder treffen aufgrund ihrer Werte die Entscheidungen über ihr sexuelles Verhalten. Im Großen und Ganzen erhalten sie die ersten Wertmaßstäbe von Ihnen. Darum ist es so wichtig, dass Sie Eltern mit festen biblischen Werten sind.

Werte sind persönliche Wahrheiten, denen wir unsere Entscheidungen, Haltungen und Taten anpassen. Als Eltern haben Sie die *Verantwortung*, aber auch die einzigartige *Chance*, Ihre Werte Ihren Kindern mitzugeben.

Eine Studie hat gezeigt, dass 26 % der Jugendlichen sagen, die Hauptgründe, keinen Sex zu haben, seien Religion, Moralvorstellungen und Werte.[123]

In dem Artikel *The Most Effektive Deterrent* bestätigt Glenn Stanton den starken Einfluss elterlicher Werte auf ihre Kinder:

> *»Liberale Werte der Eltern in Bezug auf das Sexualverhalten der Jugendlichen entpuppen sich als ein starker Risikofaktor sowohl für Jungen als auch für Mädchen. Es überrascht nicht, dass Jugendliche häufiger sexuelle Erfahrungen machen, wenn sie bei ihren Eltern feststellen, dass sie gegen den vorehelichen Sex ihrer jungen Leute nicht viel einzuwenden haben.«*[124]

In einer landesweiten Umfrage gaben 64 % der Jugendlichen an, Moral und Werte beeinflussten ihr Sexualverhalten *genauso stark* wie Gesundheitsinformationen zu diesem Thema, während fast ein Viertel der Teenager (23 %) Moral und Werte für *einflussreicher* hielten.[125]

Nehmen Sie sich Zeit, eine Liste anzufertigen von dem, was Sie als das Wichtigste in Bezug auf Sexualität ansehen. Um diese Liste entwickeln zu können, stellen Sie sich folgende Fragen und schreiben Sie die Antworten auf:

1. Von welchen Werten in Bezug auf Sexualität möchte ich, dass mein Kind sie kennt?
2. Warum halte ich sie für richtig?
3. Was haben diese Werte in meinem Leben bewirkt?
4. Was sollen diese Werte im Leben meines Kindes bewirken?

Die folgende Liste zeigt nur eine Reihe möglicher Werte-Felder auf. Vielleicht wird diese Liste Sie und Ihre Familie auch auf *eigene* Gedanken bringen.

- Sexualität in der Ehe
- Kinder sind eine Gabe des Herrn
- Menschen lieben vs. Dinge lieben
- geschaffen im Bild Gottes
- Loyalität
- Reinheit
- Treue
- die Bibel ist Gottes Wahrheit für uns
- Sex ist schön
- Verhalten
- Dating
- Wie kleiden wir uns?
- Gott ist Liebe
- »liebt einander«
- Freundschaft
- Respekt
- Integrität
- Ehrlichkeit
- Glaubwürdigkeit
- Beziehungen
- Schwangerschaft
- Ehe
- Ehrerbietung
- Hochzeit

Wenn Sie sich im Klaren über Ihre wichtigsten Werte sind, nehmen Sie sich Zeit, um auf natürliche Weise mit Ihren Kindern darüber zu sprechen.

4. Seien Sie Eltern, die sich mit den Freunden ihrer Kinder anfreunden!

Gegen halb sechs begannen sie alle einzutreffen. Ich (Dottie) war ungefähr sieben Jahre alt und hatte eine Dinner-Party organisiert. Das einzige Problem war, dass ich vergessen hatte, meiner Mutter davon zu erzählen. Aber anstatt die Kinder ärgerlich nach Hause zu schicken, deckte sie voller Enthusiasmus den Tisch und öffnete einige Packungen Makkaroni und Dosen mit Erbsen und Früchten. Das war alles, was sie im Schrank hatte. Aber wir feierten ein großartiges Fest! Und wie immer war es meiner Mutter wichtig, jedem einzelnen Kind, das gekommen war, ihre Aufmerksamkeit zuzuwenden. Es war ihre Absicht, jedem Kind das Gefühl zu geben, es sei willkommen und etwas Besonderes. Sie interessierte sich für das Leben meiner Freunde, egal, wie das aussah, und das machte einen mächtigen Eindruck sowohl auf meine Freunde als auch auf mich. Tatsächlich wurde meine Mutter die Heldin meiner Freunde.

Denken Sie an Ihre Kindheit zurück. Welche von den Eltern Ihrer Freunde mochten Sie am liebsten? Warum gefielen sie Ihnen? Wie hat Sie das beeinflusst?

Ich erinnere mich vor allem an zwei Elternpaare meiner Freunde, die starken Einfluss auf mich hatten – das eine Paar positiv, das andere negativ.

Als Kind hatte ich eine besondere Freundin, mit der ich von der ersten bis zur siebten Klasse dauernd zusammen war. Wir waren in denselben Pfadfindergruppen, nahmen am gleichen Musikunterricht teil, saßen in den gleichen Schwimm- und Nähklassen usw. Nach der siebten Klasse zogen wir in einen anderen Bundesstaat. Aber ich besuchte sie, als ich in der neunten Klasse war.

Ich erinnere mich noch deutlich, dass ich auf ihre Haustür zurannte, nachdem ich meine Freundin ein Jahr lang nicht gesehen hatte. Ich konnte es gar nicht abwarten, sie wiederzusehen. Allerdings öffnete ihre Mutter die Tür, bevor meine Freundin kam, und so war ich für einige Augenblicke mit ihr allein. Ich kann mich nicht mehr genau an unsere Unterhaltung erinnern, aber ich weiß noch, dass ich die Mutter fragte: »Haben Sie inzwischen ein schönes Jahr gehabt?« Sie bejahte und machte dann die Bemerkung, dass ihr Mann und sie es »zum allerersten Mal« genossen hätten, die Freundinnen ihrer Tochter bei sich zu Hause zu haben. Sie drückte sehr klar aus, dass sie vorher die Freundinnen ihrer Tochter »nie« gemocht hatte! Doch die Kinder, die ihre Tochter im letzten Jahr mitgebracht hatte, hatten ihr gut gefallen.

Ich weiß, dass ich wie betäubt dagestanden habe. Ich fühlte mich gekränkt und verletzt und hätte mich am liebsten in Luft aufgelöst. Sieben Jahre lang war ich Gast in diesem Haus gewesen! Warum diese Frau mir das sagte, werde ich wohl nie erfahren. Aber es war erniedrigend und schmerzlich. Bis zum heutigen Tag ist diese Aussage die lebendigste Erinnerung an diese Frau, sooft ich an sie denke. Oft habe ich mich vergeblich gefragt, was ich während der vielen Jahre, die ich mit ihrer Tochter zusammen war, getan habe, das sie zu dieser unfreundlichen Bemerkung veranlasst haben könnte.

Andererseits gab es die Mutter einer Freundin aus unserer Straße, die ganz verrückt nach mir war. Und das zeigte sie auch! Immer, wenn ich eine Stepptanzvorführung hatte, kam sie herüber und machte mir Locken in die Haare. Dann kam sie mit meiner Familie zur Aufführung und machte sogar Fotos von mir. Sooft ich an sie denke, erinnere ich mich daran, wie nett sie zu mir war. Sie freute sich immer, wenn ich zu ihr hinüberging. Was für ein Unterschied!

In welcher Erinnerung möchten Sie bei den Freunden Ihrer Kinder stehen? Kümmern Sie sich um die Freunde Ihrer Kinder und bemühen Sie sich um einen positiven Eindruck! Wenn Sie das tun, kann das bedeuten, dass …

- … Ihrem Kind deutlich wird: Leute, die *mir* wichtig sind, sind auch für *meine Eltern* wichtig.
- … Sie erkennen können, welche Freunde Einfluss auf Ihr Kind nehmen.
- … Sie mit Ihrem Kind und dessen Freunden Gespräche zu führen und dabei ihre Ansichten kennenlernen können. Dadurch wird der negative Gruppenzwang abgebaut, den die Freunde auf Ihr Kind ausüben können.

Unsere jüngste Tochter Heather ging einmal zu einem Ballspiel mit einem jungen Mann, den ich (Josh) gar nicht richtig kannte. Ich sprach mit ihr über meine Bedenken. Darauf antwortete sie sogleich: »Keine Angst, Papa! Er hat solchen Respekt vor dir, dass er nichts tun würde, was du nicht gutheißt.«

Seien Sie ein Held für die Freunde Ihrer Kinder! Oft gehört gar nicht viel dazu, diesen Status zu erlangen, weil die meisten Kinder gar nicht damit rechnen, dass die Eltern ihrer Freunde überhaupt Notiz von ihnen nehmen. Ich (Josh) nahm mir immer Zeit, mit den Kindern zu sprechen, die unsere Töchter oder unser Sohn mit nach Hause brachten. Ich stellte mich gewöhnlich kurz vor, setzte mich hin und nahm mir ein wenig Zeit, ihnen zu zeigen, dass mich interessiert, wer sie waren, was sie gern taten und wie froh ich war, dass sie zu Besuch gekommen sind.

Ich lasse es mir auch keinesfalls entgehen, die Kinder der Sport-Mannschaft zu begrüßen, in der meine Kinder aktiv sind. Dann sage ich ihnen, dass ich sie anfeuern würde. Manchmal, wenn ich etwas von der Sportart verstand, nahm ich mir auch die Zeit, ihnen einige Tipps für das Spiel zu geben. Diese Art des Heldenstatus wird sich direkt auf Ihre eigenen Kinder auswirken und auch auf die Beziehung zu den Freunden Ihrer Kinder.

5. Seien Sie Eltern, die mit anderen Eltern zusammenarbeiten!

Die Zusammenarbeit mit anderen Eltern gibt Ihnen die Möglichkeit, von deren Wissen zu profitieren. Durch die Zusammenarbeit mit anderen Leuten mit ähnlichen Interessen, Erfahrungen und Zielen kann man wertvolle Tipps für die Erziehung der eigenen Kinder erhalten. Einige unserer großartigsten Erkenntnisse und Einsichten stammen von anderen Eltern mit Kindern gleichen oder ähnlichen Alters oder sogar von Eltern, deren Kinder inzwischen schon erwachsen sind. Dort können Sie Ermutigung, Erziehungstipps, Freunde für Ihre eigenen Kinder sowie hilfreiche Anregungen für das Freizeitprogramm als Familie bekommen, und dazu noch viele gute Ratschläge in Bezug auf Disziplin, Gesundheitsfragen und Sexualerziehung.

Als ich (Dottie) Mutter wurde, hatte eine meiner engsten Freundinnen bereits zwei Kinder. Ich beobachtete jede Bewegung, die sie machte. Sie war eine hervorragende Mutter. In jeder neuen Entwicklungsphase meiner eigenen Kinder ging ich zu ihr hin, um Tipps und Ideen für meine neue Aufgabe als Mutter zu bekommen. Sie war eine fortlaufende Ermutigung für mich. Sie öffnete mir die Augen für das, was wichtig und für das, was unwichtig war. Ich bin ihr bis zum heutigen Tag dankbar! Andere Eltern zu finden, denen Sie vertrauen, die Sie bewundern und respektieren, ist wie die Entdeckung einer Schatztruhe voll mit unermesslich teuren Juwelen.

Wir sind überzeugt, dass man *zusammen* mehr erreicht als *allein*. Die Zusammenarbeit mit anderen Eltern, die die gleichen Werte vertreten, kann zu einem hilfreichen Geben und Nehmen führen. Das gilt auch für das Gebiet der Sexualerziehung. Lassen Sie uns das in Angriff nehmen! Es kostet Mut, mit Kindern über Sexualität zu sprechen. Es gibt wohl keine Eltern, die nicht ein bisschen Angst davor hätten. Darum ist Zusammenarbeit so entscheidend.

6. Seien Sie Eltern, die mit ihren Kindern träumen!

Gott sagte den Kindern Israel: »Ich weiß ja die Gedanken, die ich über euch denke … Gedanken des Friedens und nicht zum Unglück, um euch Ausgang und Hoffnung zu gewähren« (Jeremia 29,11). Gott war der Held für sein Volk. Er machte sie zu etwas Besonderem, und das motivierte die Israeliten, entsprechend dieser Erwartungen zu leben.

Wenn wir die Helden unserer Kinder sind und mit ihnen ihre Träume träumen, dann hebt sie das auf eine ganz neue Ebene, nämlich auf eine Ebene der *Hoffnung*. Dadurch kommen sie dahin, entsprechend dieser hohen Erwartung auch zu leben. König Salomo sagte: »Lang hingezogenes Harren macht das Herz krank, aber ein eingetroffener Wunsch ist ein Baum des Lebens« (Sprüche 13,12).

Betreten Sie die Welt Ihrer Kinder!

Träumen Sie mit Ihren Kindern und betreten Sie ihre Welt! Den Möglichkeiten der kreativen Unterstützung Ihrer Kinder sind keine Grenzen gesetzt. Wenn sie das während der ganzen Kindheit immer wieder tun, wird das den Rahmen für eine offene Kommunikation schaffen – die besonders wichtig ist, wenn Ihr Kind in die Pubertät kommt, wo sexuelle Themen häufig angesprochen werden müssen.

Untersuchungen bestätigen, dass die Jugend »auf die Herausforderungen hoher Erwartungen reagiert, indem sie positive Entscheidungen trifft und sich Ziele für die Zukunft setzt«.[126] Wir müssen unseren jungen Leuten die richtigen Optionen für ihre Zukunft attraktiv machen und ihnen helfen, diese Ziele zu verfolgen.

Studien zeigen, dass junge Leute mit hohen Erwartungen und der Perspektive auf eine großartige Zukunft »mit einer mehr als sechsmal geringeren Wahrscheinlichkeit sexuell aktiv werden«.[127]

Freuen Sie sich über die Hoffnungen und Träume Ihrer Kinder. Aber achten Sie darauf, dass es *ihre* Träume sind, die Sie ihnen zu verwirklichen helfen – und nicht *Ihre eigenen*! Ich (Dottie) musste lernen, dass einige Träume eigentlich die meinen waren und nicht die meiner Kinder.

Als Sean in der achten Klasse war, hatte er schon einige Jahre Baseball gespielt. Auch wenn es nur meine Privatmeinung ist – ich fand, er machte seine Sache gut! Als es wieder Frühling wurde, erwähnte er mir gegenüber, er habe sich entschlossen, dieses Jahr nicht zu spielen. Ich weiß noch genau, dass ich versuchte, ihn zum Spielen zu bewegen, denn ich dachte, wenn er jemals vorhätte, auf der Highschool Baseball zu spielen, sollte er lieber auch in der achten Klasse spielen, weil er sonst den Anschluss verlieren würde. Sean sagte, das sei ihm egal, weil er stattdessen lieber Basketball spielen wolle. Ich versuchte ziemlich energisch, meinen Sohn zur Vernunft zu bringen. Aber er wollte einfach nicht. Ich gebe es nur ungern zu, aber zunächst versuchte ich es mit Logik. Das funktionierte nicht. Dann versuchte ich es mit Emotionen. Auch das klappte nicht. Vielleicht fragen Sie, warum mir das so wichtig war. Da gibt es eine einfache Antwort: Baseball ist mein Lieblingssport! Ich bin seit Kindertagen ein leidenschaftlicher Fan der *Red Sox* – bis heute![128]

Ich liebe Baseball! Und ich stellte mir Sean als Baseballspieler vor, weil mir das so viel bedeutete. Als ich endlich begriff, um was es mir wirklich ging, nämlich dass es *meine* Vorliebe und nicht *seine* war, gab ich klein bei und ermutigte ihn, den Sport zu betreiben, den er mochte – nämlich Basketball. Heute bin ich wirklich dankbar, dass er sich durchgesetzt hat, und das zur großen Freude unserer gesamten Familie. Er konnte während seiner ganzen Highschool- und College-Zeit Basketball spielen. Wie wir ihn bei seinen Spielen angefeuert haben, gehört zu unseren schönsten Familienerinnerungen.

Genauso wie wir wissen, was uns wichtig ist, wissen das die Kinder ebenfalls für sich. Es ist unser Privileg, sie zu unterstützen und zu ermutigen, ihren *eigenen* Träumen zu folgen, nicht den *unseren*.

Wenn Sie unter anhaltendem Gebet Ihre Kinder erziehen, werden sie mit Gottes Hilfe leben als »unbescholtene Kinder Gottes inmitten eines verdrehten und verkehrten Geschlechts, unter dem ihr scheint wie Lichter in der Welt« (Philipper 2,15).

Josh und Dottie McDowell

Über die Autoren

Als junger Mann stand **Josh McDowell** dem Christentum skeptisch gegenüber. Doch während seines Studiums am *Kellogg College* in Michigan forderte ihn eine Gruppe christlicher Studenten dazu heraus, ganz rational die Aussagen Jesu Christi zu überprüfen. Josh nahm die Herausforderung an und musste erkennen, dass Jesus wahrhaftig Gottes Sohn ist, der ihn so sehr liebt, dass er für ihn starb. Josh übergab Christus sein Leben und hat seither fünfzig Jahre lang überall in der Welt sein Zeugnis und die Beweise dafür verkündigt, dass Gott real existent und auch im Alltagsleben relevant ist.

Josh erwarb den Bachelorabschluss vom *Wheaton College* und den Masterabschluss in Theologie am *Talbot Theological Seminary* in Kalifornien. Er gehört seit fast fünfzig Jahren zu den Mitarbeitern des *Campus Crusade for Christ*.

Dottie McDowell ist seit über vierzig Jahren mit Josh verheiratet. Sie hat mit ihrem Mann mehrere Kinderbücher geschrieben und erfreut sich mit Josh an ihren vier erwachsenen Kindern und elf Enkelkindern, während Josh noch immer weltweit in seinem Dienst umherreist. Dottie und Josh wohnen in Südkalifornien.

Endnoten

1 Anmerkung des Herausgebers: Homeschooling (Unterricht zu Hause) ist in den USA erlaubt, ebenso u..a. in Österreich und der Schweiz – in Deutschland hingegen verboten.

2 Zu den ersten fünf Punkten: Nayeli E. Rodriguez und Number 17, NYC, »Exactly How Much Are The Times A-Changin'?«, *Newsweek*, 26. Juli 2010, S. 56; Artikelquellen: Blogpulse, Google Official History, Reality Blurred, The NPD Group, NBC, Bowker, USPS, The Radicati Group, FORBES, Nielsen, Newspaper Assoc. of America, Digital Music News, Apple, iTunes.

3 Matt McGee, »By The Numbers: Twitter Vs. Facebook Vs. Google Buzz«, SearchEngine Land, 23. Februar 2010, http://searchengineland.com/by-the-numbers-twitter-vs-facebook-vs-google-buzz-36709 (abgerufen am 14.08.2019).

4 »Internet 2010 in numbers«, Royal Pingdom, 12. Januar 2011, http://royal.pingdom.com/2011/01/12/internet-2010-in-numbers (abgerufen am 14.08.2019).

5 »Internet 2010«.

6 »Facebook – Die Nutzungszahlen«, Frankfurter Allgemeine, https://www.faz.net/aktuell/wirtschaft/netzwirtschaft/der-facebook-boersengang/facebook-die-nutzungszahlen-11740203.html (abgerufen am 14.08.2019).

7 Madeeha Azam, »Internet 2010 in Numbers [Summary]«, Pro Pakistani, 27. Januar 2011, http://propakistani.pk/2011/01/27/Internet-2010-in-numbers-summary/ (abgerufen am 14.08.2019).

8 »That Facebook friend might be 10 years old, and other troubling news«, *Consumer Reports*, nachzulesen u.a. auf http://hotelmarketing.com/index.php/content/article/that_facebook_friend_might_be_10_years_old_and_other_troubling_news (abgerufen am 14.08.2019).

9 »Internet 2010«.

10 Mickey Alam Khan, »Internet Overtakes TV As Preferred Medium For Under-24 Crowd«, *Direct Marketing News*, 25. Juli 2003, www.dmnews.com/internet-overtakes-tv-as-preferred-medium-for-under-24-crowd/article/81588 (abgerufen am 14. 08. 2019).
11 Michael D. Resnick, PhD, u. a., »Protecting Adolescents from Harm: Findings from the National Longitudinal Study on Adolescent Health«, *Journal of the American Medical Association*, 10. September 1997 (Bd. 278, Nr. 10), S. 829.
12 Family Safe Media, www.familysafemedia.com/pornography_statistics.html#anchor5 (abgerufen am 14. 08. 2019).
13 Family Safe Media.
14 Family Safe Media.
15 Michael Leahy, *Porn University: What College Students Are Really Saying About Sex on Campus* (Chicago: Northfield Publishing, 2009), S. 154-155.
16 Chiara Sabina, Janis Wolak, and David Finkelhor, »The Nature and Dynamics of Internet Pornography Exposure for Youth«, *CyberPsychology & Behavior*, 2008 (Bd. 11, Nr. 6), S. 1-2 (http://unh.edu/ccrc/pdf/CV169.pdf; abgerufen am 14. 08. 2019).
17 Ed Vitagliano, zitiert in: »Caught! Online Porn, Predators Threaten Children, Teens«, *American Family Association Journal*, Jan. 2007, https://afajournal.org/past-issues/2007/january/caught/ (abgerufen am 14. 08. 2019.
18 Umfrage von *Focus on the Family*, Oktober 2003, zitiert in: Rebecca Grace, »When Dad Falls: A Family's Ordeal with Pornography«, Agape Press, 09. September 2004, www.crosswalk.com/1284103/ (abgerufen am 14. 08. 2019).
19 Family Safe Media.
20 Patricia M. Greenfield, »Inadvertent Exposure to Pornography on the Internet: Implications of Peer-to-Peer File-Sharing Networks for Child Development and Families«, *Journal of Applied Developmental Psychology*, Nov./Dez. 2004 (Bd. 25, Nr. 6), S. 741-750, https://pdfs.semanticscholar.org/25d8/314ea24df43aad62b4f8

484495e36d690488.pdf?_ga=2.214291735.1092791420.1547215869-1923630849.1547215869 (abgerufen am 14. 08. 2019).

21 Anmerkung des Herausgebers: *Taco Bell* ist eine amerikanische Fastfood-Kette, die u. a. mexikanische Gerichte anbietet.

22 Anmerkung des Herausgebers: Homeschooling (Unterricht zu Hause) ist in den USA erlaubt, ebenso u. .a. in Österreich und der Schweiz – in Deutschland hingegen verboten.

23 The Commission on Children at Risk, *Hardwired to Connect: The Scientific Case for Authoritative Communications* (New York: Broadway Publications, 2003).

24 *Hardwired to Connect.*

25 Caroline Bedell Thomas, MD, Karen Rose Duszynski, BA, John Whitcomb Shaffer, MSc, PhD, »Family Attitudes Reported in Youth as Potential Predictors of Cancer«, *Psychosomatic Medicine*, Jun. 1979 (Bd. 41, Nr. 4), S. 287-302.

26 Carl Zimmer, »Friends with Benefits«, *Time magazine*, 20. Februar 2012, S. 39.

27 Caitlin Flanagan, »Why Marriage Matters«, *Time magazine*, 13. März 2009, S. 47.

28 »Back to School 1999 – National Survey of American Attitudes on Substance Abuse V: Teens and Their Parents«, The Luntz Research Companies und QEV Analytics, Aug. 1999. Zitiert in: Lori Lessner, »Dads key against drugs, study finds«, *Dallas Morning News*, 31. August 1999, S. 9.

29 People Weekly, »Higher Yearning: At Oxford University, Michael Jackson bares his soul and a plan to help kids«, *People*, 19. März 2001, S. 65.

30 »Ten Tips for Parents: To Help Their Children Avoid Teen Pregnancy«, The National Campaign to Prevent Teen and Unplanned Pregnancy, https://powertodecide.org/sites/default/files/resources/primary-download/10tips_final.pdf (abgerufen am 14. 08. 2019).

31 »Teens Look to Parents More Than Friends for Sexual Role Models«, *ScienceDaily*, 15. Juni 2011, www.sciencedaily.com/releases/2011/06/110615120355.htm (abgerufen am 14. 08. 2019).
32 Jeffrey Rosenberg und W. Bradford Wilcox, »The Importance of Fathers in the Healthy Development of Children«, U.S. Department of Health and Human Services, 2006, www.childwelfare.gov/pubs/usermanuals/fatherhood/fatherhood.pdf (abgerufen am 14. 08. 2019).
33 »Teens Look to Parents«.
34 David White, »Take Courage! Parents and the dreaded conversation«, Harvest USA, 2017, https://www.harvestusa.org/take-courage-parents-and-the-dreaded-conversation/#.XVUhCXvgqUk (abgerufen am 14. 08. 2019).
35 »Trends in Teen Sexual Behavior«, Current Thoughts and Trends online, Mai 2004.
36 B. M. King and J. Lorusso, »Discussions in the Home about Sex: Different Recollections by Parents and Children«, *Journal of Sex & Marital Therapy* (Bd. 23, S. 52-60). Zitiert in: »Families Are Talking – Adolescents Would Prefer Parents as Primary Sexuality Educators«, SIECUS Report Supplement, https://getthesexfacts.com/documents/Toolkit_Web.pdf (abgerufen am 14. 08. 2019).
37 »Talking to Your Teen About Sex«, https://smartcouples.ifas.ufl.edu/parentscoparents/teen-dating-what-parents-should-know/talking-to-your-teen-about-sex- (abgerufen am 14. 08. 2019).
38 Linda Klepacki, »Dear Parents: Let's Talk About Doing«, Focus on the Family Australia, https://www.families.org.au/article/dear-parents-lets-talk-about-doing (abgerufen am 14. 08. 2019).
39 »How to Talk to Your Kids About Anything«, Talking With Kids About Tough Issues – a national campaign by Children Now and the Kaiser Family Foundation, http://www.talkwithkids.org/first.html (abgerufen am 14. 08. 2019).
40 B. Albert, »With One Voice 2004: America's Adults and Teens Sound Off About Teen Pregnancy« (Washington, DC: National

Campaign to Prevent Teen Pregnancy, 2004). Zitiert in: Barbara Dafoe Whitehead Marline Pearson: »Making a Love Connection«, The National Campaign to Prevent Teen and Unplanned Pregnancy, thenationalcampaign.org.

41 Hutchinson and Cooney, 1998; Kreinin et al., 2001; Somers and Surmann, 2004. Zitiert in: Robert Crooks und Karla Baur, »Our Sexuality«, S. 369, http://b1ca250e5ed661ccf2f1-da4c182123f5956a3d22aa43eb816232.r10.cf1.rackcdn.com/contentItem-9285477-83012144-v1psj9v0n51n0-or.pdf (abgerufen am 14. 08. 2019).

42 Kay S. Hymowitz, »It's Morning After in America«, *City Journal*, 2004, https://www.catholiceducation.org/en/culture/catholic-contributions/its-morning-after-in-america.html (abgerufen am 14. 08. 2019).

43 »Birds and Bees: Tips for Having ›The Talk‹ With Kids«, ABC News (*Good Morning America*, 22. September 2011), http://abcnews.go.com/blogs/health/2011/09/22/birds-and-bees-tips-for-having-the-talk-with-kids-2 (abgerufen am 14. .08. 2019).

44 Kristin Zolten, MA, und Nicholas Long, PhD, »Talking to Children About Sex«, Center for Effective Parenting, 1997, 2006, https://parenting-ed.org/wp-content/themes/parenting-ed/files/handouts/sex.pdf (abgerufen am 14. 08. 2019).

45 Robert Crooks und Karla Baur, »Our Sexuality«, S. 369, http://b1ca250e5ed661ccf2f1-da4c182123f5956a3d22aa43eb816232.r10.cf1.rackcdn.com/contentItem-9285477-83012144-v1psj9v0n51n0-or.pdf (abgerufen am 14. 08. 2019).

46 Maggi Ruth P. Boyer, »What to Do When They Just Won't Talk!«, Advocates for Youth, 2www.futureofsexed.org/parents/164?task=view (abgerufen am 14. 08. 2019).

47 »Sexual health education in the schools«, Sex Information Education Council of Canada, 2015, http://sieccan.org/wp/wp-content/uploads/2015/08/SIECCAN-QA-Sexual-health-education-in-the-schools-2015-Ontario.pdf (abgerufen am 14. 08. 2019).

48 Cheryl B. Aspy et al., *Journal of Adolescence*, 2007 (Nr. 30, S. 449-466). Zitiert in: »Parental Involvement and Children's Well-Being«, FamilyFacts.org, http://thf_media.s3.amazonaws.com/familyfacts/briefs/FF_Brief_40.pdf (abgerufen am 14. 08. 2019).
49 Margaret Stager, zitiert in: »Teaching Biblical Sexuality to Kids«, https://truenorthfp.org/teaching-biblical-sexuality-to-kids-book-review-ally-series-part-13/ (abgerufen am 14. 08. 2019).
50 Alice Park, »Parents' Sex Talk with Kids: Too Little, Too Late«, *Time*/CNN (Dez. 2007, 2009), www.time.com/time/health/article/0,8599,1945759,00.html (abgerufen am 14. 08. 2019).
51 Sue Simonson, »The Forgotten Years: Ones that may well be the key to Teen Pregnancy Prevention«, Without Regret, www.without-regret.org/tier2/articles.html (abgerufen am 14. 08. 2019).
52 »Broaching the Birds and the Bees«, WebMD, 26. November 2001, www.webmd.com/sex-relationships/features/broaching-birds-bees (abgerufen am 14. 08. 2019).
53 Frei nach »How to talk to your kids about sex: An age-to-age guide«, Today's Parent, https://www.todaysparent.com/family/parenting/age-by-age-guide-to-talking-to-kids-about-sex/ (abgerufen am 14. 08. 2019).
54 M. Raffaelli, K. Bogenschneider, M. F. Flood, »Parent-teen Communication about Sexual Topics«, *Journal of Family Issues* (Bd. 19), S. 315-333.
55 Deb Koster, »Talking to Kids About Sex«, Family Fire, 13. April 2007, www.familyfire.com/parenting/articles/Talking-to-Kids-About-Sex (abgerufen am 14. 08. 2019).
56 »Talking with Kids: A Parent's Guide to Sex Education«, National PTA, Chicago, IL, 2002, S. 9, http://eric.ed.gov/PDFS/ED470698.pdf (abgerufen am 14. 08. 2019).
57 »How to talk to your child about sex«, Psychologies, www.psychologies.co.uk/family/how-to-talk-to-your-child-about-sex (Link erloschen).

58 Jack Wellman, »How to Talk to Your Children about Sex? A Christian Perspective«, What Christians Want to Know, 14. Juli 2011, www.whatchristianswanttoknow.com/how-to-talk-to-your-children-about-sex-a-christian-perspective (abgerufen am 14.08.2019).

59 Jill Manning, »Why the Government Should Care about Pornography«, Aussage vor dem U.S. Senate Committee on the Judiciary, 10. November 2005, www.heritage.org/Research/Testimony/Pornographys-Impact-on-Marriage-amp-The-Family (abgerufen am 14.08.2019).

60 Clea McNeely, MA, DrPH, und Jayne Blanchard, »The Teen Years Explained: A Guide to Healthy Adolescent Development«, Center for Adolescent Health at Johns Hopkins Bloomberg School of Public Health, 2009, https://www.jhsph.edu/research/centers-and-institutes/center-for-adolescent-health/_docs/TTYE-Guide.pdf (abgerufen am 14.08.2019).

61 McNeely and Blanchard.

62 Margaret Renkl, »The Birds and the Bees and Curious Kids«, *Parenting*, Jun. 2006 (Bd. 20, Nr. 5), S. 98.

63 Clea McNeely, MA, DrPH, und Jayne Blanchard, »The Teen Years Explained: A Guide to Healthy Adolescent Development«, Center for Adolescent Health at Johns Hopkins Bloomberg School of Public Health, 2009, https://www.jhsph.edu/research/centers-and-institutes/center-for-adolescent-health/_docs/TTYE-Guide.pdf (abgerufen am 14.08.2019).

64 Keith Ferrell, »Adolescent Sexuality: Talk the Talk Before They Walk the Walk«, *Healthy Children*, Winter 2008, www.healthychildren.org/English/ages-stages/teen/dating-sex/pages/Adolescent-Sexuality-Talk-the-Talk-Before-They-Walk-the-Walk.aspx?nfstatus=401&nftoken=00000000-0000-0000-0000-000000000000&nfstatusdescription=ERROR%3a+No+local+token (abgerufen am 14.08.2019).

65 Kristin Zolten, MA, und Nicholas Long, PhD, »Talking to Children About Sex«, Center for Effective Parenting, 1997, 2006, https://parenting-ed.org/wp-content/themes/parenting-ed/files/handouts/sex.pdf (abgerufen am 14.08.2019).

66 Kristin Zolten, MA, und Nicholas Long, PhD, »Talking to Children About Sex«, Center for Effective Parenting, 1997, 2006, https://parenting-ed.org/wp-content/themes/parenting-ed/files/handouts/sex.pdf (abgerufen am 14.08.2019).

67 Jack Wellman, »How to Talk To Your Children about Sex? A Christian Perspective«, What Christians Want to Know, 14. Juli 2011, www.whatchristianswanttoknow.com/how-to-talk-to-your-children-about-sex-a-christian-perspective (abgerufen am 14.08.2019).

68 »How to Talk to Your Kids About Anything«, Talking With Kids About Tough Issues – a national campaign by Children Now and the Kaiser Family Foundation, www.talkwithkids.org/first.html (abgerufen am 14.08.2019).

69 Margaret Renkl, »The Birds and the Bees and Curious Kids«, *Parenting*, Jun. 2006 (Bd. 20, Nr. 5), S. 98.

70 Steven C. Martino, PhD, Marc N. Elliott, PhD, et al., »Beyond the ›Big Talk‹: The Roles of Breadth and Repetition in Parent-Adolescent Communication About Sexual Topics«, *Pediatrics*, 2008 (Bd. 121, Nr. 3).

71 Anmerkung des Herausgebers: Die vielen nützlichen Gelegenheiten zu »lehrreichen Augenblicken«, die diese Medien bieten, stehen gleichzeitig ihren Gefahren gegenüber. In der christlichen Familie sollte dies immer beachtet werden, und die bestehende Möglichkeit der sich eventuell anbietenden »lehrreichen Augenblicke« sollte nicht als Rechtfertigung für ungeprüften Konsum dienen.

72 Linda Klepacki, »What Your Teens Need to Know About Sex«, Focus on the Family, 2005, https://www.focusonthefamily.com/get-help/what-your-teens-need-to-know-about-sex/ (abgerufen am 14.08.2019).

73 Frei nach »Teachable Moments«, nach dem Leitfaden für Eltern »Wait for Sex«, ReCAPP – ETR Associates' Resource Center for Adolescent Pregnancy Prevention, 2004, http://recapp.etr.org/recapp/documents/freebies/teachablemoments.pdf (abgerufen am 14. 08. 2019).

74 »STDs in Adolescents and Young Adults«, Centers for Disease Control and Prevention, https://www.cdc.gov/std/stats17/adolescents.htm#ref1 (abgerufen am 14. 08. 2019).

75 Task Force on the Sexualization of Girls, »Report of the APA Task Force on the Sexualization of Girls«, American Psychological Association, 2010, www.apa.org/pi/women/programs/girls/report-full.pdf (abgerufen am 14. 08. 2019).

76 Frei nach »Families are Talking – Teens Talk About TV, Sex, and Real Life«, SIECUS Report Supplement, 2001.

77 »Teachable Moments«, nach dem Leitfaden für Eltern »Wait for Sex«, ReCAPP – ETR Associates' Resource Center for Adolescent Pregnancy Prevention, 2004, http://recapp.etr.org/recapp/documents/freebies/teachablemoments.pdf (abgerufen am 14. 08. 2019).

78 »Teachable Moments«.

79 »Teachable Moments«.

80 »Teachable Moments«.

81 »Teachable Moments«.

82 »Teachable Moments«.

83 Esther J. Cepeda, »Talking to Kids About Sex: Conversations Worth Having«, *Seattle Times*, 9. Oktober 2011, http://seattletimes.nwsource.com/html/opinion/2016439742_cepada10.html (abgerufen am 14. .08. 2019).

84 Deb Roffman, »Talking to Your Kids About Sex: Deborah Roffman Offers Parents Advice«, Make it Better. https://better.net/chicago/life/family/talking-to-your-kids-about-sex-deborah-roffman-offers-parents-advice (abgerufen am 14. 08. 2019).

85 Anmerkung des Herausgebers: Die Internetplattform pc-welt.de veröffentlichte folgenden Testbericht über gängige Kinderschutzprogramme: https://www.pcwelt.de/news/Kinderschutz-Software-fuer-den-PC-im-Test-AV-Test-9778627.html (abgerufen am 14.08.2019).

86 Downloadbar unter: https://salfeld.de/download/ (abgerufen am 14.08.2019).

87 Downloadbar unter: https://de.norton.com/norton-family-premier?inid=norton.com_nav_norton-family-premier_products-services:norton-family-premier (abgerufen am 14.08.2019).

88 Downloadbar unter: http://www.jugendschutzprogramm.de/download/ (abgerufen 14.08.2019).

89 Namen und Details wurden verändert, um die Identität der Betroffenen zu schützen.

90 Anmerkung des Übersetzers: In den USA liegt der Beginn der Strafmündigkeit je nach Bundesstaat zwischen dem vollendeten sechsten und dem vollendeten zwölften Lebensjahr.

91 Clea McNeely, MA, DrPH, und Jayne Blanchard, »The Teen Years Explained: A Guide to Healthy Adolescent Development«, Center for Adolescent Health at Johns Hopkins Bloomberg School of Public Health, 2009, https://www.jhsph.edu/research/centers-and-institutes/center-for-adolescent-health/_docs/TTYE-Guide.pdf (abgerufen am 14.08.2019).

92 »Talking Back«, The National Campaign to Prevent Teen and Unplanned Pregnancy, 2012, https://powertodecide.org/what-we-do/information/resource-library/talking-back (abgerufen am 14.08.2019).

93 »Talking Back«, The National Campaign to Prevent Teen and Unplanned Pregnancy, 2012, https://powertodecide.org/what-we-do/information/resource-library/talking-back (abgerufen am 14.08.2019).

94 »Ten Tips for Parents: To Help Their Children Avoid Teen Pregnancy«, The National Campaign to Prevent Teen and Unplanned Pregnancy, https://powertodecide.org/sites/default/files/resources/primary-download/10tips_final.pdf (abgerufen am 14. 08. 2019).

95 Anmerkung des Herausgebers: Ein weiterer Grundsatz, der für christliche Eltern gelten darf, ist – hier unerwähnt –, dass ihr gläubiges Kind auch nur mit einer anderen *gläubigen* Person (deren Eltern im Idealfall dieselben oder ähnliche Grundsätze haben) ein Date haben sollte.

96 Eileen M. Hart, »Teens, Sex and Media«, 2002, http://www.frankwbaker.com/MediaLitEd.pdf (abgerufen am 14. 08. 2019).

97 »Pornography Statistics«, Covenant Eyes, www.covenanteyes.com/2010/01/06/updated-pornography-statistics (abgerufen am 14. 08. 2019).

98 »Youth Risk Behavior Surveillance – United States, 1995, Surveillance Summaries«, *Morbidity and Mortality Weekly*, 27. September 1996.

99 »How Can I Lovingly Snoop On My Teen?«, Harvest USA, 2007, www.harvestusa.org/index.php?option=com_content&view=article&id=172%3Ahow-can-i-lovingly-snoop-on-my-teen&catid=15%3Acontact us&Itemid=1 (Link erloschen).

100 »How Can I Lovingly Snoop On My Teen?«

101 »How Can I Lovingly Snoop On My Teen?«

102 Frei nach Lakita Garth, *The Naked Truth: About Sex, Love and Relationships* (Ventura, CA: Gospel Light, 2007), S. 135.

103 Al Menconi, »Responsible Text Messaging Tips«, 8. August 2011, http://almenconi.blogspot.com/2011/08/responsible-text-messaging-tips.html (abgerufen am 14. 08. 2019).

104 Menconi.

105 Menconi.

106 American Academy of Pediatrics, »Caring for Your Teenager«, zitiert in: »Helping Teens Resist Sexual Pressure«, HealthyChildren.org, www.healthychildren.org/English/ages-stages/teen/dating-sex/pages/Helping-Teens-Resist-Sexual-Pressure.aspx (abgerufen am 14. 08. 2019).
107 Kelli Miller, »Most Young Adults: Oral Sex Is Not Sex«, WebMD, https://www.webmd.com/sex-relationships/news/20100408/most-young-adults-oral-sex-is-not-sex#1 (abgerufen am 14. 08. 2019).
108 Eine Reihe nationaler Umfragen im Auftrag der Kaiser Family Foundation (KFF) und dem Magazin *Seventeen*, 2003.
109 B. L. Halpern-Felsher et al., »Oral versus vaginal sex among adolescents: Perceptions, attitudes, and behavior«, *Pediatrics*, 2005 (Bd. 115, Nr. 4), S. 845-851.
110 Susan Donaldson James, »CDC: Dip in Oral Sex Among Teens, but Numbers Still High«, abcNews, 16. August 2012, https://abcnews.go.com/Health/cdc-40-percent-teens-oral-sex/story?id=17013130 (abgerufen am 14. 08. 2019).
111 Chris Wagner, »Oral Sex is Sex, and Most Teens Don't Know it«, Center for Parent/Youth Understanding, www.cpyu.org/pageview_p.asp?pageID=18565 (Link erloschen).
112 abcNews.
113 abcNews.
114 abcNews.
115 Wagner.
116 Wagner.
117 »Oral Sex and STIs«, American Sexual Health Association, http://www.ashasexualhealth.org/stdsstis/oral-sex-stis/ (abgerufen am 14. 08. 2019).
118 Roxanne Khamsi, »Oral sex can cause throat cancer«, *NewScientist*, 9. Mai 2007, www.newscientist.com/article/dn11819-oral-sex-can-cause-throat-cancer.html (abgerufen am 14. 08. 2019).

119 Julie Sharp, »Oral Sex Linked to Throat Cancer: A virus contracted through oral sex is the cause of some throat cancers, say US scientists«, BBC News, 10. Mai 2007, http://news.bbc.co.uk/2/hi/health/6639461.stm (abgerufen am 14. 08. 2019).

120 Sharp.

121 Rob Jackson, »Teaching Children Healthy Sexuality«, Focus on the Family, 2004, https://www.focusonthefamily.com/parenting/teaching-children-healthy-sexuality/ (abgerufen am 14. 08. 2019).

122 The National Campaign to Prevent Teen Pregnancy, *Rethinking Responsibility: Reflections on Sex and Sexuality* (Washington, DC: The National Campaign to Prevent Teen Pregnancy, 2009).

123 »The Truth About Adolescent Sexuality«, SIECUS – the Sexuality Information and Education Council of the United States, www.siecus.org/pubs/fact/fact0020.html (Link erloschen).

124 Glenn T. Stanton, »The Most Effective Deterrent«, PureIntimacy.org, www.pureintimacy.org/piArticles/A000000608.cfm (Link erloschen).

125 The National Campaign to Prevent Teen and Unplanned Pregnancy, »Bridging the Divide: Involving the Faith Community in Teen Pregnancy Prevention«, 10. Oktober 2007, www.thenationalcampaign.org/resources/pdf/Bridging_FINAL.pdf (Link erloschen).

126 The National Campaign to Prevent Teen Pregnancy, *Rethinking Responsibility: Reflections on Sex and Sexuality* (Washington, DC: The National Campaign to Prevent Teen Pregnancy, 2009).

127 R. Lerner, »Can Abstinence Work?: An Analysis of the Best Friends Program«, *Adolescent & Family Health*, 2005 (Bd. 3, Nr. 4), S. 185-192. Zitiert in: The National Campaign to Prevent Teen Pregnancy, *Rethinking Responsibility: Reflections on Sex and Sexuality* (Washington, DC: The National Campaign to Prevent Teen Pregnancy, 2009).

128 Anmerkung des Übersetzers: Gemeint sind wohl die *Boston Red Sox*, ein bekanntes und erfolgreiches Baseball-Team.

Gerrit Alberts

Digitale Medien und Jugendsex

32 Seiten, Heft

ISBN 978-3-86699-195-8

2014 verfügten etwa 90 % aller 12- bis 13-jährigen Kinder über ein internetfähiges Handy. Dadurch ist für diese jungen Menschen ein massives Angebot an sexuell freizügigem Bild- und Filmmaterial nur einen Mausklick weit entfernt. Im Alter von 17 Jahren gibt es nur noch eine verschwindend kleine Minderheit von Jugendlichen, die keine pornografischen Darstellungen angeschaut haben.

Welchen Gefahren setzen sich Pornokonsumenten aus? Was können Eltern unternehmen, um ihre Kinder vor diesen Einflüssen zu schützen? Durch die digitale Revolution ist ein Problemfeld von vorher ungekanntem Ausmaß entstanden, über das jeder Jugendliche und Erwachsene informiert sein sollte.

Randy Alcorn

Behüte dein Herz

Warum es wichtig ist, mit Sexualität richtig umzugehen

96 Seiten, Taschenbuch
ISBN 978-3-86699-153-8

Es gab eine Zeit, in der sexuelle Reinheit das anerkannte Ziel vieler Menschen war. Aber mittlerweile haben etliche es aufgegeben, sexuell rein bleiben zu wollen. Andere haben es nie versucht.

Randy Alcorn zeigt in diesem wichtigen Buch auf, warum es in unserer sexualisierten Umwelt immer schwieriger wird, rein zu leben. Er zeigt aber auch, wie es trotz aller Versuchungen gelingen kann. Unreinheit wird uns immer zerstören – Reinheit dagegen schützen und bewahren. Unreinheit bedeutet letzten Endes schmerzlichen Verlust – Reinheit dagegen auf lange Sicht Segen und Gewinn.

Ein hilfreiches, herausforderndes Buch für alle – für Junge und Alte, Singles und Paare, Frauen und Männer.

Debora Bühne

Liebe auf den zweiten Blick

72 Seiten, Paperback DIN A5
ISBN 978-3-86699-464-5

Einfühlsam geschrieben und ansprechend gestaltet, richtet sich dieses Heft an drei verschiedene Zielgruppen:

1. Frauen und Mädchen, die ihr Leben bewusst nach Gottes Maßstäben leben wollen, auch im Umgang mit der eigenen Sexualität und den sexuellen Reizen aus der Umwelt und den Medien.

2. Frauen und Mädchen, die mit Selbstbefriedigung und/oder Pornografie kämpfen und aus dieser Abhängigkeit herauskommen wollen.

3. Christen, die der ersten oder zweiten Zielgruppe helfen und sie begleiten wollen.

Pornografie und Selbstbefriedigung sind nicht nur »Männerprobleme«, sondern es sind auch immer mehr Frauen betroffen. Doch darüber wird viel zu wenig gesprochen, und deshalb trauen sich Betroffene, die sich ohnehin schon schämen, noch weniger, sich jemandem anzuvertrauen und Unterstützung zu suchen.

Dieses Heft möchte dazu ermutigen, Gottes Hilfe in Anspruch zu nehmen und zu erleben, dass die Bibel uns auch für diesen Lebensbereich Wegweisung gibt.